LES
CHEMISES
ROUGES

PAR

CHARLES MONSELET

auteur de

La Franc-Maçonnerie des Femmes.

III

PARIS

L. DE POTTER, LIBRAIRE-ÉDITEUR

RUE FONTAINE MOLIÈRE, 27.

LES

CHEMISES ROUGES

NOUVEAUTÉS EN LECTURE

DANS TOUS LES CABINETS LITTÉRAIRES

La Louve, par Paul Féval. 5 vol. in-8.
Les Chemises Rouges, par Charles Monselet. 4 vol. in-8.
La Vieille Fille, par A. de Gondrecourt. 4 vol. in-8.
Le Masque d'Acier, par Théodore Anne, auteur de *la Folle de Savenay*. 4 vol. in-8.
Le Juif de Gand, par Constant Guéroult, auteur de *Roquevert l'Arquebusier*. 4 vol. in-8.
La Princesse Russe, par Emmanuel Gonzalès. 2 vol. in-8.
Le Missionnaire, par Clémence Robert. 5 vol. in-8.
La Fille Sanglante, par Charles Rabou. 4 vol. in-8.
La Belle Provençale, par le vicomte Ponson du Terrail. 6 v. in-8.
Dettes de Cœur, par Auguste Maquet. 2 vol. in-8.
Le Tigre de Tanger, par Paul Duplessis, auteur des *Boucaniers, Montbars l'Exterminateur, le Beau Laurent*, et *Albert Longin*. 5 vol. in-8.
Le Médecin des Voleurs, par Henry de Kock. 4 vol. in-8.
La Cape et l'Épée, par le vicomte Ponson du Terrail. 5 vol. in-8.
L'Homme de Minuit, par Etienne Enault et Louis Judicis. 3 v. in-8.
La Tour Saint-Jacques, par Clémence Robert. 4 vol. in-8.
Les Parvenus, scènes de la vie Parisienne, par H. de Balzac. 4 v. in-8.
L'Avocat du Peuple, par Clémence Robert. 4 vol. in-8.
Les Frères de la Mort, par Charles Rabou. 5 vol. in-8.
Zohra la Morisque, par O. Féré et D. A. D. St-Yves. 4 vol. in-8.
La Mignonne du Roi, par Emmanuel Gonzalès. 3 vol. in-8.
M. Choublanc à la recherche de sa Femme, par Charles Paul de Kock. 3 vol. in-8.
L'Homme de Fer, par Paul Féval. 5 vol. in-8.
Les Chevaliers errants, par O. Féré et D.A.D. St-Yves. 4 vol.
Une vraie Femme, par A. de Gondrecourt. 4 vol. in-8.
La Folie de Savenay, par Théodore Anne. 3 vol. in-8.
Le Cabinet noir, par Charles Rabou. 5 vol. in-8.
Les deux Reines, par le vicomte Ponson du Terrail. 4 vol. in-8.
Les Anges de Paris, par Clémence Robert. 4 vol. in-8.
La Vengeance de Marianna, par Charles Monselet. 3 vol. in-8.
Les Petits Bourgeois, scènes de la vie Parisienne, par H. de Balzac. 4 vol. in-8.
Le Pêcheur de Naples, par Eugène de Mirecourt. 4 vol. in-8.
La maison du Baigneur, par Auguste Maquet. 5 vol. in-8.
Le capitaine Pillavidas, par Gabriel Ferry. 3 vol. in-8.
Fleur des Batailles, par Paul Féval. 4 vol. in-8.
La Contessina, par le vicomte Ponson du Terrail. 5 vol. in-8.
La Franc-Maçonnerie des Femmes, par Ch. Monselet. 4 vol.
Les Mémoires d'un vieux Garçon (Expiation), par A. de Gondrecourt. 5 vol. in-8.
Bavolet, par le vicomte Ponson du Terrail. 3 vol. in-8.
Le Pouvoir de la Femme, par Méry. 3 vol. in-8.
La ville aux Oiseaux, par Paul Féval. 4 vol. in-8.

Imprimerie de P.-A. BOURDIER et Cie, 30, rue Mazarine.

LES
CHEMISES
ROUGES

PAR

CHARLES MONSELET

auteur de

La Franc-Maçonnerie des Femmes.

III

PARIS

L. DE POTTER, LIBRAIRE-ÉDITEUR

RUE FONTAINE MOLIÈRE, 27.

Droits de reproduction et de traduction réservés.

1857

LE CABINET NOIR

PAR

CHARLES RABOU.

L'histoire d'une institution ténébreuse autour de laquelle l'imagination est autorisée à grouper les combinaisons les plus dramatiques; une fable pleine d'originalité et d'intérêt, qui, s'ouvrant à la mort de Charles Ier d'Angleterre et ne se dénouant qu'à la mort de Napoléon, est successivement conduite par l'auteur, en Angleterre, en Allemagne, en France, en Ecosse, en Italie, aux Etats-Unis, à Malte et jusque dans l'île africaine de Madagascar; au milieu de cet horizon vraiment épique, une foule de personnages saisissants, dominés par une grande figure que ne cesse d'entourer une mystérieuse atmosphère; des incidents sans nombre, dont le lecteur suit néanmoins sans fatigue la marche et le développement; de curieux détails sur les sociétés secrètes; en un mot, toutes les émotions que peuvent créer l'histoire, le drame et le roman, réunies dans un cadre où la grandeur ne fait jamais tort à l'unité, tels sont les éléments du livre où le sombre auteur des *Contes Bruns* et de *l'Allée des Veuves* a résumé toute la force d'invention qui caractérise son talent. L'Allemagne, pays où les romans *noirs* ont toujours fait fortune, n'a pas attendu que l'auteur eût achevé son œuvre, et deux traductions paraissant simultanément à Leipzig et à Vienne, avant qu'un journal français eût terminé la publication du livre de M. Charles Rabou, témoignent de la sensation qu'il a produite, même à l'étranger.

L'HOMME DE MINUIT

PAR

ÉTIENNE ÉNAULT et LOUIS JUDICIS.

Le titre de ce roman révèle tout de suite une pensée de drame émouvant. Il y a là comme un frisson de terreur. Et c'est en effet une histoire poignante qui se déroule à travers les pages marquées de cette empreinte fatale. Il s'agit, ici, d'une existence mystérieuse, exceptionnelle, qui, après s'être déchirée aux plus violentes aspérités de la vie sociale, se roidit avec une énergie indomptable et rend sans pitié le mal pour le mal, tout en inspirant un profond intérêt. Tel est Horace Baltimore, la figure dominante de ce saisissant tableau. Autour de lui, intimement mêlés à l'action, se dessinent des types pleins de force, de grâce ou d'originalité. C'est Mathilde, sa femme, une pauvre fille qui aime les fleurs comme Ophélie. C'est Thérèse, sa fille, un ange de beauté et de dévouement. C'est le comte de Villefleur, un grand seigneur élégant et criminel. Puis viennent Léo de Villefleur, jeune officier plein de droiture, de courage, d'abnégation; Lucienne de Grandpré, âme ardente, orgueilleuse, vindicative; Ismaël Gantz, usurier juif, qui par hasard n'a pas mis tout son cœur dans son coffre-fort, etc., etc. Ces divers personnages donnent lieu à des scènes toujours animées et souvent d'un intérêt palpitant. Ces scènes se développent tantôt au milieu du panorama grandiose des Pyrénées, tantôt au sein de cet inextricable labyrinthe qu'on nomme Paris. La littérature contemporaine n'a rien, à notre avis, de plus saisissant que l'arrestation de Baltimore dans le Cirque de Gavarnie et l'interrogatoire que subit le comte de Villefleur au tribunal secret de l'avenue de Lord Byron, aux Champs-Élysées. L'HOMME DE MINUIT nous semble destiné à un immense succès.

CHAPITRE PREMIER.

I.

L'agonie du XVIII° siècle. (*Suite.*)

Livrée entièrement au tourbillon du monde et aux fêtes parisiennes, la marquise de Perverie ne s'aperçut pas dans les premiers temps de la présence d'Emile.

Elle ne pensait plus à lui non plus qu'à l'incident hardi qui l'avait mis en lumiè- à ses yeux.

Dans son hôtel, elle ne voyait guère que ses femmes ; son regard hautain n'était jamais tombé dans l'antichambre ou ne se promenait qu'à dix pouces au-dessus de la tête de ses laquais.

Le plus souvent elle était escortée de damerets et d'abbés, qui étaient pour elle ce que sont les nuages et les machines pour les déesses d'opéra.

Elle ne faisait, pour ainsi dire, que traverser la scène.

Sur une marche de l'escalier ou à l'entrée d'une porte, un flambeau à la main, Emile la regardait avidement et impunément sans qu'elle soupçonnât même son existence...

Elle était si belle à voir, même en secret ! Surtout elle était née grande dame. Dès le premier jour, elle avait eu la fierté et la grâce, sans savoir comment, sans les avoir cherchées.

Elle était élancée comme doivent l'être

ou le paraître toutes les vraies grandes dames ; mais élancée sans maigreur, assez seulement pour donner de la majesté à sa robe.

Ses mouvements sveltes et onduleux faisaient songer à ces beaux cygnes des étangs royaux.

Comme eux, elle avait le calme blanc et la splendeur muette.

On devinait en elle la race de ces femmes dont le corps n'est que la cuirasse du cœur, ambitieuses, mystérieuses, haineuses, à qui le monde peut jeter par pitié un Scarron pour mari, mais qui sont de force à lui rendre un Louis XIV pieds et poings liés.

Elle savait donner à son sourire et à son regard les nuances les plus opposées, charmantes et nombreuses comme les variétés d'une même fleur.

Sa figure était un théâtre où se lisait, depuis le front, morceau de marbre, jusqu'aux lèvres et au menton, tout un répertoire de comédie galante, satirique et profonde.

La marquise de Perverie n'avait que

vingt-cinq ans; ses cheveux n'étaient précisément ni blonds ni noirs, ils avaient cette belle teinte châtaigne, presque rousse, que les peintres puissants affectionnent jusqu'à l'idolâtrie, et que l'on retrouve si abondamment chez les princesses espagnoles.

Il était fâcheux que la poudre en éteignît les magnifiques reflets.

Ainsi couronnée, elle portait sa tête légèrement jetée en arrière et déployait les hautes lignes d'un cou pour la louange duquel le Cantique des Cantiques n'aurait pas eu assez d'ivoire et de neige :

cette femme, que l'on soupçonnait dangereuse, mais qui joignait la fascination à la beauté, était plutôt faite pour soulever la passion que pour éveiller le caprice.

Cependant on sentait vaguement que son amour devait être d'une nature à part, difficile, étrange, rempli de complications, de conditions, de restrictions et d'abîmes, un amour sur la corde roide, et qui exigeait un homme habile autant qu'épris.

Une fois que la marquise était passée,

Emile posait la main sur ses yeux comme s'il y avait eu une vision...

Il se sentait plus abandonné que jamais.

Cependant le hasard lui fit rencontrer dans le majordomne Turpin un protecteur, presque un ami.

Cet homme d'une intelligence et d'un cœur secondaires, qui était veuf de trois femmes, et qui s'ennuyait, comme si toutes les trois eussent encore été de ce monde, s'interressa machinalement à lui et s'en fit une manière de confident. Emile était assez jeune pour l'écouter avec politesse, quoique le majordome fût un bavard de la pire espèce, un bavard politique.

Il s'occupait avec une importance comique des affaires du temps et de la cour; les maximes sociales travaillaient cette tête massive, devenue tête révolutionnaire par distraction, plutôt que par conviction.

Au milieu des devoirs de sa charge, en levant sa canne sur un marmiton indocile, il se surprenait à rêver de l'affranchissement des peuples et de la paix universelle.

Ainsi qu'il aimait à le raconter, sa philosophie datait d'un jour où il avait eu l'honneur de servir à table M. Helvétius et verser un potage brûlant sur les cuisses de M. Grimm.

Le langage de ce gros individu était le même que celui des coryphées du système de la nature, passé à l'alambic du ridicule et de la déclamation quand même. Le mot ne sortait de sa bouche que flanqué de deux épithètes, une à droite l'au à gauche, et soigneusement enveloppé dans un métaphore. Ses deux joues étaient pleines de phrases emphatiques, qu'il débitait, avec des gestes oratoires et en grasseyant, ce qui lui composait une prononciation nourrissante. Le concierge de l'Académie ne devaient pas s'exprimer en plus beaux termes, et l'on reconnaissait facilement un homme élevé dans la saine Poétique de Marmontel et imbu de la rhétorique des Incas.

Turpin avait chez lui tous les ouvrages des encyclopédistes reliés en veau et dorés sur tranche ; il en avait permis et recommandé la lecture à son jeune protégé. Ce fut en fouillant dans cet arsenal d'erreurs, d'ennui, de génie, de paradoxes et même de vérités, que celui-ci tomba sur un livre qui portait son nom : Emile. Guidé par une curiosité naturelle, il le prit et le lut, d'abord avec intérêt, ensuite avec passion et douleur. Cet Emile était si différent de lui-même! C'était un enfant si complétement aimé, si entièrement heureux! Le ciel lui avait donné un si bon père!

— Quel est donc ce M. Rousseau? demanda-t-il au majordome.

— Jeune téméraire, s'écria Turpin, prononce avec plus de respect le nom de ce philosophe incomparable, dont les œuvres immortelles, animées du feu sacré de la patrie et de l'humanité, ont leur place marquée au temple de Mémoire !

Après cette phrase, il respira bruyamment.

— M. Rousseau est-il vivant ? continua Emile.

— Hélas ! répondit Turpin en portant la main à ses paupières, la mort, la cruelle mort a tranché de sa faux impitoyable les jours de l'homme vertueux !

— Combien eut-il d'enfants? demanda encore Emile.

— Le nombre m'en est inconnu; je sais seulement qu'un sort de fer l'empêcha de goûter la douceur de leurs embrassements.

— Est-il possible?

— Oui; il fut obligé, dit-on, de les abandonner sur la voie publique, afin de s'occuper plus tranquillement et plus exclusivement du bonheur de l'humanité.

Emile bondit, comme sous la morsure d'un aiguillon.

— Allons donc, s'écria-t-il, cela ne peut pas être ; c'est un blasphème, un mensonge?...

— C'est la vérité, prononça sentencieusement le majordome ; jeune présomptueux, ne cherche point à pénétrer la conduite du sage. Contente toi d'imiter ses vertus.

— Mais cet Emile ?

— Cet Emile n'est qu'un être fictif, enfant de l'imagination et de la sensibilité.

— Quoi! cette tendresse attentive, ces caresses, cet amour, ces mille soins sublimes et presque célestes, tout cela ne serait qu'invention et chimère!

— Tu l'as dit, tel est, du reste, le noble privilége de l'homme inspiré, qui sait donner à ses moindres accents les prestige de la vraisemblance. Que cela ne t'étonne point : l'illustre Jean-Jacques était bien capable de faire l'éducation d'un fils imaginaire. Moi-même, lorsque je n'étais encore qu'un humble employé dans les cuisines de M. de Silhouette, il me souvient d'avoir composé un plat de bœuf aux confitures où il n'entrait absolument que du jambon et du blanc de volaille.

L'éloquent majordome eût pu continuer sur ce ton sans qu'Emile l'écoutât. Plongé dans un abîme de réflexions nouvelles, interdit de ce qu'il venait d'apprendre, le jeune valet tenait ses yeux fixés en terre et gardait le silence. Malgré lui, son âme naïve se révoltait à l'idée d'une contradiction si cruelle chez le glorieux penseur.

— Si tu veux en savoir davantage, lui

avait dit Turpin en finissant, tu peux consulter les Mémoires de Jean-Jacques écrits par lui-même, tu les trouveras à côté du *Compère Mathieu*, sur le quatrième rayon de ma bibliothèque.

Le soir, Emile montait rapidement les degrés qui conduisaient à sa petite chambre dans les greniers de l'hôtel, et d'où l'œil embrassait un vaste horizon déployé sur Paris. Il emportait sous son bras les *Confessions*. Dès les premiers feuillets, cette lecture l'attacha comme aucune n'avait fait encore.

Cette jeunesse timide, vagabonde, haïneuse, ces amours de grands chemins, ces brutalités sans cause, ces larmes sans raison, tous ces délires d'un sang fermenté, le troublèrent puissamment et éveillèrent en lui des fibres jusqu'alors inconnues. Il ne voulait pas aimer ce Rousseau, et pourtant il se sentait sur le point de l'adorer. Plusieurs fois il s'arrêta comme oppressé par maints tableaux énergiquement sympathiques.

Il arriva enfin au septième livre, où l'écrivain raconte comment l'idée d'abandonner son premier enfant lui fut suggérée au milieu d'une compagnie de table, et comment il s'y détermina « gaillardement et sans le moindre scrupule. » Un éblouissement passa sur le visage d'Emile. Il crut avoir mal lu.

A deux fois il revint sur cette phrase dont il ne voulait pas comprendre les mots, si odieux et si calmes en même temps. Il eut peur pour la gloire du grand homme. Une larme chaude tomba sur la page, mais elle ne l'effaça point.

La nuit venait.

Emile alluma une chandelle et continua sa lecture.

Au bout de quelques instants, un gémissement sortit de sa poitrine. Ce qu'il avait pris pour une erreur, pour une faute, née d'un instant d'égarement et d'oubli, c'était un crime ; c'était plus qu'un crime, c'était un système. Rousseau venait de porter son deuxième enfant à l'hôpital.

« Je crus faire un acte de citoyen et de père, disait-il, je me regardai comme un habitant de la république de Platon »

— Quoi ! murmura Emile, les plus pauvres d'entre les pauvres, les mendiants de la rue, se font une volupté d'élever leur enfant ! Quand ils partent le matin, c'est sur ce front endormi que leurs lèvres cueillent le courage. Ils marchent pieds nus pour donner des vêtements à l'être qu'ils ont créé et qu'ils regardent vivre avec joie ; ils rognent leur pain afin de lui en réserver une part plus large, et chaque bouchée est pour eux une conquête. Ils dorment sur des planches pour lui laisser la paille ou la laine de leur couche ; en revanche, ils ne lui demandent qu'un de ses sourires ou un de ses regards pour se payer de toutes leurs privations ; dès qu'il peut marcher, ils font de lui leur trésor ambulant, ils mettent sur son corps, en nippes et colifichets, toutes leurs économies, tous leurs sacrifices, le prix du travail et du sommeil, du jour et de la nuit ! Et lui, Jean-

Jacques, lui, un philosophe, un poëte, il prend son enfant, le dépose sur le seuil d'une maison publique et s'en retourne chez lui gaillardement et sans le moindre scrupule!...

Le volume était tombé de ses mains.

Il le ramassa.

A peine avait-il commencé le huitième livre qu'il trembla d'horreur en lisant le passage suivant :

« Mon troisième enfant fut mis aux Enfants-Trouvés, ainsi que les deux autres. Cet arrangement me parut si bon, si sensé, si légitime, que si je ne m'en vantai pas ouvertement, ce fut uniquement égard pour la mère; mais je le dis à tous ceux à qui nos liaisons n'étaient pas cachées; je le dis à Diderot et à Grimm, je l'appris dans la suite à madame d'Epinay et dans la suite encore à madame de Luxembourg, et cela librement, franchement, sans aucune espèce de nécessité et pouvant le cacher aisément à tout le monde. »

Le pauvre enfant qui lisait ceci sentait sa raison prête à faillir et son cœur prêt à se briser. Le vent de la nuit battait en vain son front qui restait brûlant. Ses yeux étaient fixes. Tout bas il se demandait de quel chair et de quel sang avait donc été pétri ce philosophe audacieux !...

Il voulut aller jusqu'au bout, il lut, il lut toujours.

Un *quatrième* enfant fut abandonné par Rousseau...

Il lut, il lut encore.

Puis un cinquième.

Mais celui-ci, c'était le dernier. Le livre était fini.

Cette lecture laissa une longue traînée de réflexions au fond de l'âme d'Émile. Une imagination altérée trouve toujours dans l'ouvrage qu'elle absorbe des faits ou des pensées qui lui sont personnels. Quelques-unes de ces lignes furent pour lui comme les barres d'un soupirail à travers lesquelles il crut entrevoir vaguement le mystère de sa naissance.

— Je dois être, se disait-il, le fils d'un homme qui a pensé. Peut-être mon père et ma mère venaient de lire les Confessions, eux aussi, quand ils ont décidé de mon sort.

O Jean-Jacques! comme moi tu fus

valet, mais l'orgueil entra dans ton âme et ouvrit la porte à l'envie. L'envie, c'est la soif aveugle de la victoire avant le combat, c'est le poison qui ronge les bonnes cordes du cœur. Comme toi je subirai les souffrances et les humiliations, mais je ne veux pas qu'elles me rendent comme toi haineux et méchant. Du mal qui me sera fait, il ne reviendra pas du mal aux autres ; je ne serai pas l'animal enragé qui mord parce qu'il a été mordu. Ainsi cet enfant sondait la route âpre et douloureuse que le destin lui avait tracée.

— Seulement, c'est horrible de n'avoir personne à qui dire :

« Voici toutes mes tortures d'aujourd'hui, voici tout mon courage de demain. Dieu a écarté de moi tout appui et toute affection. »

Mais ne suis-je pas ingrat en parlant de la sorte ?

N'ai-je pas un ami, un protecteur dans le bon vieillard Palmézeaux, le médecin des Enfants Trouvés ?

C'est le seul qui ait veillé sur mon enfance, et j'ai souvent surpris des larmes à ses paupières lorsqu'il me regardait.

Bon docteur !

C'est à lui que je dois tout ; c'est lui qui m'a enseigné la force et la résignation...

Emile regarda une dernière fois les étoiles du ciel avant de refermer sa croisée.

— C'est étrange, murmura-t-il en s'endormant ; mais j'ai toujours pensé que le docteur Palmézeaux a connu mon père!

II.

L'agonie du XVIIIe siècle. (Suite.)

Un jour le majordome Turpin, qui voyait avec peine la tristesse du jeune valet, lui proposa de venir au Grand vainqueur, où il ne pouvait manquer de trouver des distractions d'un goût piquant.

Emile accepta.

Après tout ce majordome avait ces heures de popularité, comme tous les grands politiques, et il ne reculait pas plus devant un rigodon et une partie de grisettes que devant les ennuyeuses doctrines de la Mettrie.

Quelques-unes des guinguettes d'autrefois sont encore les guinguettes d'aujourd'hui.

La plupart des cafés célèbres et même

des cabarets, sont restés debout, depuis le café Procope jusqu'au Vieux Rince-bec situé à la Halle.

De même que les merciers de la rue Saint-Denis, plusieurs marchands de vin ont conservé un certain respect pour les feuillages en fer de leurs enseignes, capricieux entrelacement, encadrant tantôt le Chien de Jean de Nivelle, la Tour d'argent, le Petit Suisse, et tantôt mettant en action l'éternel et exhilarant calembour du Bon coing.

Chacun de ces cabarets a sa spécialité rigoureuse; celui-là c'est l'eau-de-vie; celui-ci c'est le muscat; cet autre, c'est le punch, le brou de noix ou le genièvre. La spécialité est, en effet, de toutes les curiosités de Paris la plus curieuse peut-être. C'est elle qui ne veut pas qu'on mange de bons pieds de mouton autre part qu'au Veau qui tette, de têtes de veau ailleurs qu'au Puits certain.

S'il fallait écouter la spécialité, un bon repas devrait commencer dans le premier arrondissement et ne finir que dans le douzième; on prendrait le potage au Palais-Royal, on mangerait le bœuf à la mode, dans la rue Saint-Honoré, on s'arrêterait pour le coup du milieu sur la place de l'Ecole et ainsi de suite jusqu'à la Rapée, temple spécial où les poissons rissolent en permanence. La spécialité a trouvé le moyen de se nicher jusque dans les établissements de danse. A l'heure qu'il est, on ne se livre absolument qu'à la valse dans le salon du Ranelagch; l'orchestre se contente de jouer les quadrilles et le public de les écouter.

Le Grand vainqueur, situé à la barrière des Gobelins, partageait autrefois la célébrité des salles de la Courtille et des Porcherons; il rivalisait avec le Grand salon et la Maison Blanche. On y faisait des parties et des noces. La fricassée s'y dansait et s'y mangeait (excusez ce pitoyable jeu de mots). Le peuple des faubourgs Saint-Germain, Saint-Benoît, Saint-Jacques y affluait les jeudis et les dimanches. C'était là que le majordome Turpin avait conduit Emile.

Quand ils entrèrent, la foule était grande; il faisait chaud. On dansait et l'on mangeait dans la même salle : les danseurs au milieu, les mangeurs alentour. De façon que l'odeur des mets et du vin, la sueur, l'huile des quinquets, la poussière et les haleines, tout cela formait une atmosphère impérieuse, un brouillard épais, à travers lequel on dis-

tinguait sur leur estrade drapée de rouge
les musiciens, s'évertuant.

Dès leurs premiers pas dans la cohue,
Turpin et Emile rencontrèrent quelques
camarades.

C'étaient en grande partie des cochers,
des laquais, des cuisiniers, des coureurs,
des piqueurs, tout un monde galonné,
insolent, tapageur.

Chacun d'eux avait une fille au bras.
Alsace, le postillon, avait une blanchis-
seuse de bateau qui achevait de salir à
la barrière les déshabillés blancs de ses

pratiques ; Lapierre, le valet de chambre, avait Jeanneton la cardeuse, une grande fille qui avait de beaux yeux, mais qui était trop hardie ; Christophe, le palefrenier, promenait avec ostentation une jolie crieuse, de celles qui vont par les rues, en répétant à tue-tête sur un mode plaintif : Mes nouas vârtes ! mes belles nouas vârtes ! mes belles nouas vârtes ! ou bien : Pouas râmés, pouas écossés ! Sa mise était très-propre, c'était une robe d'indienne blanche à petites mouches rouges, avec un tablier de burat vert ; enfin, Ferrand, le laquais de Monsieur, et Lacravate, le laquais de Madame, escortaient, le premier, Toinon la coquetière, vêtue d'un casaquin blanc et d'une jupe de taffetas cramoisi, et le second, une jeune fille toujours parée en amazone, qui portait en bandoulière une mauvaise guitare, et qui gagnait sa vie à vendre des livrets de chansons.

— Bonsoir, mes enfants! s'écria Turpin en distribuant des poignées de main de toutes parts; bonsoir, Javotte; bonsoir, Agathe; bonsoir, Nina; voilà un beau fils que je vous amène à dégourdir..

Il montrait Emile.

Reluquez-moi ça, comme c'est tourné,

comme c'est bâti ; on dirait le timbalier du roi de Maroc ! Ce serait mon fils qu'il ne serait pas plus beau.

— J'en suis tout éberlouie, dit Jeanneton la cardeuse. en faisant une grande révérence.

Mais déjà on entendait grincer les violons de la prochaine contredanse ; et la bande joyeuse s'envola, pour aller prendre position au milieu de la salle...... Turpin, demeuré seul avec Emile, s'attacha à lui faire les honneurs du Grand Vainqueur et à lui montrer les illustrations féminines d'alors.

— Voici, lui disait-il, la belle Bourbonnaise ou la nouvelle débarquée, celle qui a donné lieu à la chanson ; c'est une bonne fille qui n'a que le tort de trop aimer les farauds... Ce beau brin de femme que tu vois passer avec un mantelet d'indienne à coqueluchon, c'est Jacquette, la marchande de cire d'Espagne ; elle est avec un tireur de bois flotté du quai Saint-Bernard, qu'elle doit épouser dans quelques jours...

Tiens ! bonsoir, Françoise, ma passion de la halle au beurre, tu es rouge comme un bigarreau et l'on jurerait Dieu que tu es en colère.

— Eh! parguienne, il y a bien de quoi, répondit Françoise la grande blonde; c'est un Nicodème qui voulait me manier le menton; ne voilà-t-il pas un beau morceau de contrebande avec ses mollets en planche de bois! c'est comme la barque d'Asnières; ça ne sert plus qu'à passer l'eau! Ma foi? je te le lui ai appliqué, avec votre permission, mon moule de gant sur la mâchoire, et je te lui ai dit sa généalogie, dont il se souviendra.

— Tu as donc toujours du sel sur la langue, mademoiselle la beurrière?

— Faut-il pas aussi se laisser dévisager par ces muguets qui s'en viennent vous chercher castille.

— Tiens, tiens! le voilà qui passe là-bas avec sa figure de la noce des pendus ; n'a-t-il pas l'air de l'huissier du diable ? Parle donc, enseigne de cimetière, marionnette du pilori, balustre de la grève ? Tu veux faire le quelqu'un, et ton père a été étouffé dans de la filasse ; tête de canche, pilier de boulevards !

La grande blonde, remontant sur sa colère comme sur un cheval au galop, s'éloigna en égrenant sur son passage les tropes les mieux nourris du chapelet poissard.

Emile et Turpin en riaient aux éclats.

Sur un autre point du bal, ce furent de nouveaux portraits, car le majordome était un habitué du Grand Vainqueur, et il savait à fond toutes les aventures de ces demoiselles.

— Quelle est celle-là, qui porte un joli déshabillé de toile à carreaux rouges ? demandait Emile.

— C'est Nanette, l'herbière, qui s'est sauvée l'an dernier avec un garnement de clerc de procureur, et qui s'en est revenue toute seule.

LES CHEMISES ROUGES.

— Cette autre en chapeau à la préférence ?

— C'est la plantard, une porteuse de pain chez les boulangers ; elle est jolie et la douceur même, mais elle vit avec un espion de police qui lui mange tout et la bat comme plâtre.

— Et cette petite qui tremble toujours ?

— C'est Nicolina, la petite marchande de pain d'épice ; on l'a surnommée aussi mademoiselle la Gelée.

— La Gelée ! Pourquoi cela ? interrogea Emile.

— Dame! c'est toute une histoire..
Mais nous pouvons la lui demander. Eh!
la Gelée, écoute donc par ici.

Turpin appela une enfant mièvre, assez
pauvrement arrangée, qui ne cessait pas
de sourire et de trembler.

— Dis donc, petite poupée de chapelle
d'enfant, voila un camarade qui désire
savoir pourquoi on t'appelle comme ça
mademoiselle la Gelée. Raconte-lui donc
cet emblême à ce curieux ; cela nous fera
rire, et on te paiera à boire.

— Je le veux bien, pardi ! avec ça qu'il

ne fait pas chaud ici et que je commence à grelotter ; vrai ! la fraîcheur tombe ; ne trouvez-vous pas ? Brrrr...

En disant ces mots, ses dents claquaient, quoique la sueur ruisselât de son visage, et elle tortillait son pauvre corps chétif.

Emile la regardait avec pitié.

— Voici ce que c'est. Un jour de Sainte-Geneviève, qu'il faisait un froid à couper le visage, je vendais du pain d'épice, comme c'est mon métier, devant la porte de Saint-Etienne-du-Mont, toute transie, parce que mon chaudron était éteint. Voilà deux ans de ça, et je n'y peux jamais penser sans frissonner. Brrrr... Ce qui fait que j'avais quinze ans, car j'en ai dix-sept du mois dernier, mais j'étais fraîche alors comme de la salade de mâche, si bien que tous les hommes s'en venaient me godelurioter. Par exemple, ce jour-là, il n'y avait pas foule autour de mon étalage, car il faisait un temps à ne pas mettre dehors le cousin de mon chien. Brrrr...

Notez que la nuit arrivait de toute la force de ses grandes jambes noires, et que la neige commençait à tomber, brin

à brin, comme de la charpie, le suisse,
qui est un bel homme, était venu fermer
les portes de l'église, après m'avoir sou-
haité une bonne nuit... Ah bien! oui,
moi, il fallait que je demeure pour attendre ma mère ; à preuve qu'elle m'avait
donné une petite chandelle que j'essayai
d'allumer plusieurs fois, mais que la
neige éteignait toujours... Alors j'eus
l'invention d'aller me mettre sous le ré-
verbère, et de crier bien fort, puisqu'on
ne me voyait plus : *Pain d'épice ! Achetez
du bon pain d'épice !*

— Et passait-il beaucoup de monde?
demanda Emile.

— Pas l'âme d'un juif, mon gentil monsieur ! et c'est ce qui me désolait, car je sentais mes lèvres se fendre, et puis j'avais l'onglée si fort, si fort, que j'aurais pu me couper les doigts avec les dents sans rien sentir du tout. Brrrr... Ne voilà-t-il pas cependant, sur les huit heures, que je vois venir M. Lapierre, grimpé sur sa voiture, avec son gros manchon d'ours pour s'échauffer les pieds, qui me regarde et qui dit : « Vous ne devez pas avoir chaud, oui-dà, la belle ?

— Non, monsieur, lui fis-je, moi, en grelottant.

— Voulez-vous venir vous dégourdir un petit instant au cabaret de la place ?

— Vous avez bien de la bonté, mais ma marchandise !

— Bon ! il fait si froid, que personne ne pourra desserrer les doigts pour en acheter, ni les dents pour en manger.

— C'est égal., M. Lapierre, que je lui répondis bien malgré moi, ma mère m'a dit de rester; voyez-vous bien ; sans rancune ! à une autre fois ! »

Et je me remis à crier : *Pain d'épice !*

Qu'est ce qui veut du pain d'épice ? »

Malgré cela, je ne sentais plus mes pieds. Brrr...

— Nigaude! s'écria Turpin.

— Combien de temps restâtes-vous donc ainsi, dit Emile à qui ce récit faisait mal ?

— Ma fine! à dix heures, je ne sentais plus rien de nulle part, ma mère m'avait oubliée en buvant sa goutte au *Petit-Trou*.. Tout ce que je sais, c'est que lorsque je me réveillai le lendemain matin, j'avais une belle robe blanche qui m'avait été consue par la neige pendant mon sommeil. J'en fus malade tout un grand mois, et depuis j'ai toujours conservé une grande peur de la neige et de l'hiver. Voilà pourquoi les gouailleurs du quartier Saint-Marcel ont pris l'habitude de ne plus m'appeler que mademoiselle la Gelée. Brrr !

Nicolina tremblait et souriait.

— Merci, lui dit Turpin.

— Oh ! ben, il n'y a pas de quoi, répondit-elle; puisque vous m'avez promis de payer du pivois.

— C'est juste, retrouve toi par ici après le menuet...

Car on dansait le menuet au Grand vainqueur, le grand menuet de la cour de France, épique et solennel. Le peuple avait conservé encore des prétentions de l'élégance, à la grâce et à la légéreté. Il n'y avait pas le moindre porteur à crochets qui ne tendit la jambe et n'arrondît les bras avec le moëlleux d'un courtisan émérite; la marchande d'œufs rouges saluait et se balançait comme madame de Sévigné.

— Dansons, dit le majordome à Emile.

— Je n'ai pas le cœur à la danse, répondit simplement celui-ci.

— Bah ! cela viendra, il suffit que tu y aies les pieds. Allons inviter nos dames.

— Comme vous voudrez.

Turpin promena ses regards dans le bal; mais la plupart de ses connaissances étaient déjà au bras de leur galant. Chacun avait sa chacune.

L'orchestre préludait.

Il avisa debout contre un pilier deux femmes seules qu'il ne connaissait pas. Leur costume était simple et leur physionomie modeste. Petites toutes deux, on eût dit les deux sœurs. Elles étaient jolies, mais chacune avec une expression différente. Celle qui paraissait être la plus âgée, quoiqu'elle n'eût pas vingt-cinq ans, avait les yeux vifs et la bouche joyeuse. Les accords de la musique éveillaient en elle des tressaillements involontaires. L'autre, qui n'accusait pas encore dix-huit ans, n'offrait sur son visage qu'une expression étonnée; elle était sérieuse et même triste.

Le majordome Turpin poussa Émile vers ces deux personnes et formula son invitation.

Elles rougirent ensemble. La première

eut un mouvement de joie; la seconde baissa les yeux.

Émile demeura frappé des traits angéliques de la seconde.

Cependant, la bouche en as de cœur, Turpin attendait une réponse.

— Ces dames sont-elles retenues?

— Mais... non, monsieur... balbutia la première.

Sa compagne la regarda d'un air effaré, en lui poussant le coude.

Emile à son tour fit sa demande à celle-ci.

Elle hésita.

— Accepte donc, Trois-Mai, lui dit l'autre à voix basse ; personne ne nous connaît ici.

Elles prirent alors le bras des deux hommes qui les entraînèrent au milieu de la salle où le menuet allait commencer.

Emile ne se lassait pas de regarder la jeune fille qu'il venait d'entendre désigner sous le nom de Trois-Mai ; sa candeur et ses grands yeux le ravissaient malgré lui. Il éprouvait pour elle je ne sais quelle sympathie secrète et qu'il lui eût été difficile de définir. C'était de l'intérêt, c'était de l'amour, c'était une pitié instinctive. Il lui semblait qu'un lien commun de douleur les réunissait aujourd'hui.

De son côté, Trois-Mai sentait brûler ses joues lorsqu'elle levait ses yeux sur lui.

Après le menuet, les deux femmes voulurent s'échapper, mais le majordome les retint par la robe.

— Parbleu! mes jolis oiseaux, leur dit-il, vous ne refuserez pas une petite collation sur l'ongle du pouce. Holà! les autres, Alsace, Toinon, Ferrand, Nicolina, Jacquette, par ici! par ici! — Mais, monsieur...

Emile eut un regard de reproche pour la jeune fille qui voulait fuir, et qui resta.

— Allons! ne craignez rien, s'écria Turpin; nous sommes de bons lurons et nous ne vous ferons point de mal.

Comme les abeilles au son d'une cloche, les laquais et les grisettes s'assemblèrent en groupe autour du majordome.

Ils s'approchèrent autour d'une table sans nappe, autour de laquelle ils se tassèrent sur des bancs de bois, riants, rouges et s'éventant avec leurs mouchoirs.

CHAPITRE TROISIÈME.

III.

L'agonie du XVIIIe siècle. *(Suite.)*

D'un coup de poing, le majordome appela le garçon de service.

— Approche ici, Henri IV! lui dit-il familièrement, et apporte-nous un cervelas, un jambon, un pain de trois livres et du vin blanc à six sous la pinte.

— Est-ce tout, bourgeois ?

— Pas encore, Jocrisse ; tu y joindras du fromage à la pie pour ces dames, et si tu te dépêches, ça te vaudra pour ta peine un sou de deux sous.

— Merci, bourgeois.

— Dites donc, la Cloche, fit Turpin en apostrophant une fille d'une figure charmante quoiqu'un peu luronne, coiffée d'un chapeau à la Colin-Maillard, qui lui cachait presque les yeux.

— Qu'est-ce que tu me veux, l'enflé ?

— C'est-il à éplucher les lentilles sur le Pont-Rouge que tu a attrapé ce casaquin de siamoise et ce carrosse de dentelle qui t'éborgne ?

— Et pourquoi pas, M. de l'Acacia ? On a encore de quoi se faire brave, sauf votre respect ; craignez-vous donc que je ne mette le feu à vos poudres ?

Émile était assis en face de Trois-Mai.

Ils ne buvaient et ne mangeaient guère, mais leurs cœurs se disaient de ces choses muettes qui ont le regard pour traducteur.

— Eh! Victoire, chante-nous donc une ronde ou un branle à danser, dit Turpin ; quelque chose de drôle, tu sais bien.....

— La Carignan ou Escoussi, Escoussa ?

— Non, non, c'est trop vieux. Autre chose !

Victoire, qui n'avait pas froid aux yeux et que l'on avait surnommée la petite

Saute-au-cou, entama la chanson suivante sans se faire prier, entremêlant chaque distique d'une réflexion parlée.

C'est Suzon la camarade,
Savez-vous cet' histoire-là ?
(La savez-vous, dites ?)

Un monsieur z'a cocarde
Sur le port l'accosta ;
(Voyez-vous ce muguet !)

Suzon qu'est égrillarde
D'abord le gouailla ;
(C'est bien fait !)

Il offrit la poularde,
Dam ! cela la tenta !
(C'te goulue !)

Devant le corps de garde
Avec elle il passa ;
(Oh ! oh !)

V'la-t-il pas qu'on les r'garde,
Oh ! j'gage qu'on les verra...,
(Pardine ! ces aveugles !)

La ronde avait quatre-vingts couplets.

Au cinquante-sepitème, l'orchestre annonça une contredanse ; on se dépêcha de vider les verres ; quelques femmes mirent les restes du jambon dans leurs poches, et tout le monde se leva.

Celle qui accompagnait Trois-Mai prit d'elle-même le bras du majordome...

Il ne resta plus à table que la jeune fille et le jeune valet.

— Voulez-vous encore danser, mademoiselle ? lui demanda-t-il timidement.

— Merci, dit-elle, je suis lasse.

Ils se turent. Emile fut heureux de ce refus qui le laissait seul avec elle.

Au bout de quelques instants :

— Venez-vous souvent au Grand vainqueur ? reprit-il.

— C'est la première fois.

— Moi aussi.

Les amoureux sont si bêtes dans leur conversation, que nous serions presque tenté de renoncer à écrire celle-là, si nous ne comptions un peu sur l'indulgence du lecteur, et beaucoup sur ses souvenirs. Il est une heure d'amour, unique et qu'on n'oublie pas, une heure qui a sonné pour chacun de nous, et dont l'écho vibre encore dans nos cœurs à de lointains intervalles. C'est cette heure délicieuse et embarrassée, placée néanmoins au-dessus de toute raillerie humaine, que nous voudrions qu'on se rappelât en faveur de nous, bien qu'il eût été plus simple peut-être de mettre en tête de ce chapitre :

« Scène à écrire par le lecteur »

La musique jouait avec un tel tumulte

qu'ils étaient obligés, pour s'entendre, de se pencher l'un vers l'autre par-dessus la table. Jamais on ne fut plus isolé au milieu de tant de bruit, jamais on ne fut tant inaperçu au milieu de plus de lueur. Ce qu'Emile dit à Trois-Mai, entre ces bouteilles décoiffées, parmi ces débris de pain, la tête ébranlée par les violons, par les éclats de joie, par cette rencontre imprévue, c'est ce que chacun eût dit à sa place, c'est cette divagation sensible, émue, verveuse, qui saisit le cœur par ses côtés les moins retranchés et les plus accessibles. En amour, il ne s'agit pas tant de faire le siége de la raison que celui de l'extravagance. La route la moins frayée sera toujours celle qui conduit le plus vite au cœur d'une femme. Brillant et admirable langage qui erre à travers les nues, éclaboussé de lumière jusqu'aux genoux ; langage commun à l'amour, à la folie et au génie !

Il lui dit sa tristesse d'hier et sa joie de maintenant, comment elle était pour lui une apparition céleste et le rattachement aux choses de la vie. Les troubadours qui portent leur mandore suspendue au cou par un cordon de soie, et les malheureux qui font l'amour entre une chopine et deux verres, ceux qui sont couchés sur le gazon et ceux qui sont assis sur des escabeaux taillés grossièrement, les uns et les autres ne font que broder sur un thème semblable, qui défraye depuis six mille ans les générations amoureuses. Depuis six mille ans les poëtes descendent tous les jours dans le puits de leur cœur, arrachent les racines de leurs souvenirs, interrogent et torturent leur jeunesse lointaine, pour en extraire une parcelle de vérité, une perle d'amour pur!

Chacun d'eux raconta son histoire à l'autre, histoire cruellement brève; et lorsqu'ils apprirent leur singulière communauté de destin, ils ne s'en aimèrent que d'avantage. Emile en eût voulu à Trois-Mai d'être plus heureuse ; Trois-Mai en eût voulu à Emile d'être plus heureux. Mais comme cela, à la bonne heure ! nul ne pouvait en vouloir à l'autre, tous les deux étaient bien seuls, bien abandonnés, bien libres ; rien ne s'opposait à ce qu'ils fisse ensemblent leur chemin sur la terre. Ils prirent du courage dans leur amour, et ils se promirent tout ce qu'on se promet à cet âge, où le regard étincelle comme un diamant, où la voix est vibrante et fraîche, où la bouche n'est qu'un sourire, où le cœur n'est qu'un brasier !

Cependant autour d'eux le plancher de la guinguette tremblait sous les coups de talon des danseurs résolus. Rubens n'eût pas mieux torchonné ces visages écarlates, qui avaient du rire jusqu'aux oreilles. Les musiciens, insensibles et maigres au milieu de cet embonpoint en fusion, pinçaient leurs basses, pétrissaient leurs flageolets, agaçaient leurs musettes.

Comme eux, les quinquets avaient de la mélancolie dans leur flamme jaune. Mais la contredanse allait toujours en dépit des quinquets et de leurs musiciens, se suffisant à elle-même, et remplaçant l'harmonie et l'éclat par une action vive et animée.

La contorsion fut de tous temps le bonheur suprême du peuple français.

S'apercevant tout à coup de l'attention avide avec laquelle elle écoutait le jeune homme, et combien son cœur gagnait d'émotion à le regarder autant qu'elle faisait, Trois-Mai eut un instinctif et délicieux éveil de pudeur. Ses deux mains se portèrent vivement sur ses yeux comme si elle eût voulu leur ôter pour le moment la permission de voir; le sang de la jeunesse et de la virginité monta à ses joues, et tout son visage apparut naïvement troublé, ainsi que derrière les plis chiffonnés d'une gaze rose. Il lui tombait des cheveux, sur le front et sur le cou, au hasard sortis en touffes de dessous une mauvaise coiffe. Sous ses cheveux et sous sa coiffe, elle souriait pourtant avec la mélancolie du bonheur, et l'on voyait bien qu'elle s'efforçait à contenir cette surabondance de vie donnée par l'éclosion du premier amour.

— Qu'avez-vous? demanda Emile avec inquiétude.

L'enfant demeurait cachée et pensive,

de même que si elle n'eût pas entendu.

— Mon amie, répondez-moi, qu'avez-vous ? reprit-il avec une douce instance. Vous ai-je fâchée sans le vouloir et sans le savoir ? Pourquoi ne me regardez-vous plus comme auparavant ? Répondez-moi, je vous en supplie.

Et comme elle se taisait toujours, il lui prit les deux mains et les écartant avec délicatesse, il découvrit ainsi la sublime confusion du visage de Trois-Mai.

— Emile ! balbutia-t-elle en baissant les yeux.

— Mon Dieu! mon Dieu! Qu'est-ce que vous avez? s'écria-t-il pour le moins aussi ému qu'elle.

— Rien. Je suis heureuse...

Ses deux mains tombèrent tout à fait. Ils se turent longtemps ensemble, écoutant les voix nouvelles et innombrables éveillées en eux. Ils essayèrent aussi de ne point se regarder afin d'amasser une plus grande quantité de délices lorsqu'ils se regarderaient ensuite. Je suis sûr qu'on eût entendu battre leurs cœurs ainsi qu'on voyait frémir imperceptiblement leurs lèvres. Leurs prunelles, vaincues d'amour, se fermaient par intervalles comme celles des oiseaux aux approches de la nuit.

— Vous m'aimerez toujours? disait-elle.

Est-ce que je pourrais faire autrement, répondait-il; et qui m'aimerait hors vous?

— C'est comme moi, enfant trouvée pour qui toute affection est un bienfait du ciel.

Cela faisait un cadre étrange à cette causerie naïve et passionnée, un fond tourmenté et criard sur lequel se découpaient ces deux adorables profils de dix-sept années. Emile, si muet auparavant ne cessait pas de parler ou plutôt de rêver tout haut. Il entassait projets sur projets, félicités sur félicités ; il prenait les mains de Trois-Mai et il lui parlait dans les yeux. Ils avaient tout oublié de ce qui les entourait ; qui sait s'ils n'eussent pas donné en ce moment tous les concerts des anges pour la musique du *Grand vainqueur* ?

O beauté de la jeunesse ! divines clartés des visages de seize ans ! extravagances délicieuses de l'âme et de la tête ! ô jeunesse ! jeunesse ! Tenez, arrêtons-nous encore sur cette page éclairée des rayons de l'innocence qui rêve, chapitre inédit de la vie du ciel, causerie enivrante et qui fait mal, tant elle fait de bien! Où prennent-ils, mon Dieu! cette somme de bonheur si grande, les amoureux que l'on rencontre, silencieux et illuminés, dont le regard est si profondément vague et dont la bouche est remplie de feu? S'ils ont tant de peine à respirer, dans ces moments où nul sacrifice ne coûterait, c'est que la vie réelle les gêne. Ils sont bons, le contentement anime chacun de leurs traits, volontiers ils embrasseraient tout le monde qui passe. O jeunesse amoureuse! Ce sont là de ces sensations qu'une fois arrivé dans l'âge mûr on ne retrouve plus guère qu'au sortir d'un bon dîner, les jours bleus de l'automne, et dont le souvenir vous traverse l'âme comme une flèche douce. Ne laissons donc point passer cette chaste scène d'amour entre ces deux enfants qui ont eu notre âge, sans leur sourire avec sympathie de tout notre cœur!

— Une mère, disait-il en laissant aller son cœur à la dérive; une mère! si j'en crois votre regard si bon, votre front élevé, la vôtre doit être nécessairement une dame de condition; vous n'êtes pas du sang du peuple, vous, on le voit bien, vous avez de plus que moi la noblesse écrite sur le visage.

— Je n'en sais rien, Emile; à l'hospice nous n'avions pas de miroir.

— Je n'en avais pas non plus, et cependant tout m'y disait déjà que je n'étais qu'un enfant obscur né dans la mansarde ou dans la rue, de ceux-là qui embarrassent plus qu'ils ne compromettent qui viennent avec les mains rudes, avec les cheveux rudes, avec le cœur rude aussi, quand ils ne rencontrent pas sur leur passage un ange comme vous, Trois-Mai ? un être de trop, et dont sans doute ne s'inquiétaient plus le lendemain ceux qui l'avaient abandonné la veille. Quand je recherche au fond de moi, plongeur sacrilége la trace des deux intelligences qui doivent y être réunies, je ne trouve que de hautes colères et de bas instincts! Oh! je suis bien du peuple, je le sens, du peuple mal commode et qu'on ne mène pas. J'ai des éclairs d'ambition à m'éblouir moi-même, mais ils ne durent pas plus que des éclairs; et puis après, voici que la lâcheté du repos vient me prendre corps et âme. Je ne suis ni tout à fait bon ni tout à fait mauvais; cependant, je devine qu'il s'en faudrait de bien peu pour que je devinsse exclusivement et entièrement l'un ou l'autre.

Elle, de son côté :

— Je ne suis qu'une pauvre fille, je n'ai pas de pensée, je n'ai qu'un cœur. Je n'ai pas de mérite à être bonne, car Dieu m'a faite ainsi ; j'aime ceux qui m'aiment. Je ne sais rien et je n'ai rien vu. L'histoire de ma vie pourrait s'écrire avec une larme et une prière. A l'hospice, les sœurs avaient pour moi de saintes tendresses, une attention constante et que je n'oublierai jamais. Je ne sais quelle volonté m'a fait enlever de ce lieu de repos, pour me jeter sans ressources sur le pavé de Paris.

Hélas! je fusse morte mille fois de faim et de peur, si le ciel n'eût envoyé vers moi quelqu'un pour me secourir!

— Quelqu'un, interrogea Emile.

— C'était au bord du quai, le soir de ma sortie des Enfants trouvés; je marchais au hasard, me confiant au ciel et répétant les oraisons qu'on m'avait apprises, lorsqu'un homme, frappé de ma pâleur, vint tout à coup à moi et me demanda où j'allais. Il parlait avec douceur. Je lui racontai mon infortune et mon abandon; alors il me conduisit chez sa femme, dans une grande maison bien triste, où je demeure avec elle depuis quinze jours

— Et cette femme ?

— C'est Christine, c'est celle qui danse avec votre camarade.

— Mais son mari ?

— Nous le voyons bien rarement, à peine deux fois par semaine ; c'est l'homme de confiance d'un grand seigneur, auprès de qui le retiennent presque incessamment les devoirs de son emploi.

— Mais, chère Trois-Mai, vous ne pouvez demeurer toujours avec ses braves gens.

— Oh ! je le sais bien, mais Christine m'a promis qu'avant peu elle me procurerait de l'ouvrage, et que je pourrais alors gagner ma vie en travaillant. Allez, j'ai le cœur trop fier pour ne pas hâter moi-même cet instant de tous mes vœux !

Emile lui sourit avec bonheur, et leurs deux mains restèrent longtemps entrelacées...

Cependant le majordome Turpin, ayant

terminé ses entrechats et ses pirouettes, revenait vers eux, conduisant d'un air triomphateur l'amie de Trois-Mai.

Mais tout à coup nos danseurs se trouvèrent en présence d'un homme qui, les bras croisés, les yeux brillants de colère, adressa ces paroles à la jeune femme :

— Tudieu ! Christine, que faites-vous ici ?

Cette voix mordante, comme le roulement d'un moulin à café, la fit tressaillir.

— Vous le voyez, répondit-elle, je ne fais point de mal.

Celui qui venait d'apparaître aussi subitement était François Soleil.

— Rien de mal, reprit-il en l'enclouant de son regard ; vous êtes un peu prompte à vous donner l'absolution. Quoi ! je vous défends de sortir, je mets vos mules sous clef et rien ne vous empêche ; vous désertez la maison pour venir vous livrer à des joies suspectes dans un lieu comme celui-ci, avec des gens...

— Tout beau ! interrompit Turpin, l'élégant parleur ; levez les yeux et voyez sur quel bras s'appuie madame, avant de vous répandre en généralités offensantes.

— M. Turpin !

— Moi-même, M. Soleil.

— L'ancien cuisinier de M. de Silhouette !

— Le factotum de M. le duc de Noyal-Treffléan !

— Avec ma femme !

— Vraiment ! J'en suis enchanté, ravi ; le hasard ne pouvait me faire une surprise plus douce; recevez mes sincères félicitations, mon cher M. Soleil, sur l'amabilité et les grâces modestes de celle que les dieux vous donnèrent pour compagne. Nous venons de danser ensemble un menuet que Terpsicore eût approuvé.

Celui à qui s'adressaient ces tirades ne paraissait pas y prêter l'attention qu'elles méritaient; il avait dans ses doigts la main de Christine et la tourmentait nerveusement.

— Qu'est devenu Trois-Mai? lui disait-il à voix basse, et presque en menaçant son oreille de ses dents.

— Écoutez, écoutez, interrompit le

majordome en le prenant par les épaules afin d'être bien sûr de son auditeur ; voilà que la jalousie vous a troublé de ses poisons dangereux, pourquoi vous gonfler le cœur inutilement ? Celle que l'hymen fit vôtre n'a nullement dérogé à sa dignité personnelle en pénétrant dans cette enceinte ; ignorez-vous que les plus hauts personnages empruntent souvent au Bacchus populaire la franche gaieté que Plutus leur refuse ? Il n'y a pas deux automnes de cela, j'ai rencontré M. le duc de Noyal-Treffléan dans une guinguette de la barrière des sergents.

— Eh ! je sais bien qu'il va partout, répliqua Soleil en se débarrassant de l'étreinte du majordome. Christine! reprit-il revenant vers sa femme, où est Trois-Mai? Malheureuse, qu'as-tu fait de cette jeune fille ?

— L'intérêt que vous lui témoignez a lieu de me surprendre ; mais rassurez-vous, François, elle est ici.

— Où ?

— Nous allons la retrouver au bou de cette rangée de tables ; nous l'avons laissée avec un ami de monsieur.

— Désormais je n'aurai plus de confiance en vous, Christine! Je vous avais remis cette enfant en vous disant que j'attachais la plus grande importance à ce qu'elle ne quittât pas un seul instant notre demeure.

— Comment vouliez-vous que j'exécutasse scrupuleusement un ordre que je ne comprenais pas!

— Vous n'avez pas besoin de me comprendre pour m'obéir.

— Je sais que je suis une esclave, c'est vrai; mais ce n'est pas ma faute si, après être restée renfermée comme une criminelle, lasse de voir cette pauvre petite s'ennuyer comme moi, et soupirer après un peu de bruit et de lumière, nous n'avons pu résister au désir de nous promener et à la tentation d'entendre la musique.

Mais comment avez-vous su que nous étions ici ?

— Cela vous inquiète, n'est-ce pas ? Je sais toutes vos actions et je ne suis jamais plus près de vous que quand vous ne me voyez pas.

Ici maître Soleil se donnait une puissance un peu trop diabolique; il n'y avait rien que de très simple dans sa subite apparition au *Grand vainqueur*. Ayant apposté, pour surveiller Trois-Mai, un des agents ordinairement attachés aux pas de son maître, il avait appris la double escapade de sa femme et de la jeune fille, et il s'était hâté de venir les troubler par sa présence.

— Je ne la vois pas, reprenait-il en promenant ses yeux à droite et à gauche.

— Ayez un peu de patience, c'est plus loin.

— Christine, pour la première fois que vous vous avisez d'enfreindre mes ordres vous me créez des tourments dont je me souviendrai toujours. Enfin, où est cette jeune fille ?

— J'en suis désolée, dit Christine, mais je crois que nous nous sommes trompés de côté ; c'est là-bas... oui, là-bas...

La pauvre femme tremblait de tous ses membres ; mais François Soleil n'avait pas entendu, occupé qu'il était à parler avec un inconnu qui venait de lui frapper sur l'épaule en lui disant précipitamment :

— Je ne m'étais pas trompé : M. le duc, déguisé en homme du peuple, vient d'entrer au *Grand vainqueur.*

François Soleil porta la main à sa tête et y enfonça ses ongles.

— Tous mes plans, dit-il, toutes mes espérances s'écroulent s'il rencontre Trois-Mai !

— Vos ordres ? demanda l'inconnu.

— Ah! Christine! Christine!... Je ne sais que faire, je voudrais que le plancher du *Grand vainqueur* s'écroulât...

— Voulez-vous que nous sciions la charpente? demanda l'inconnu avec une froideur qui prouvait quelle ponctualité présidait à l'exécution des moindres pensées de Soleil.

— Non, mais il faut immédiatement...

François Soleil chuchota quelques mots à l'oreille de son subordonné.

— C'est bien, dit celui-ci. Aidez-nous

de ce côté, nous allons commencer de l'autre.

Il disparut, tandis que Soleil, ressaisissant la main de Christine avec brutalité, lui disait :

— Si vous ne me faites pas retrouver Trois-Mai d'ici à deux minutes, je ne réponds plus de ma colère !

— Venez, venez, elle est là bas... nous aurions dû suivre M. Turpin, qui connaît mieux la salle que moi... Vous m'avez tellement troublée que j'en ai perdu la mémoire... Suivez-moi bien... les voici.

Mais en ce moment un effroyable vacarme s'éleva de plusieurs points de la salle à la fois; des gourdins atteignaient les quinquets et les mettaient en pièces ; les danseurs et les danseuses, éclaboussés par l'huile chaude, se heurtaient dans un pêle-mêle aussi dangereux pour les mœurs que pour les vêtements. L'orchestre, élevé à quatre pieds du sol, interrompit ses stridentes harmonies, se levant spontanément pour réclamer le silence. Mais deux hommes à épaules herculéennes s'étaient formés en arc-boutant contre les parois peu solides et les ébranlaient avec force ; l'estrade éventrée s'écroula, lançant au milieu de la salle des hommes, des instruments et des bouteilles.

La foule, qui s'était ouverte devant cette cataracte, n'avait pu néanmoins se disperser assez tôt pour éviter entièrement ce choc terrible ; çà et là des femmes roulaient, meurtries sous la chute des musiciens.

L'obscurité n'était pas encore complète ; un ou deux quinquets sanglotaient leur lueur effrayée sur cette scène infernale. Au milieu de ce tohu-bohu grandiose, un homme au costume souillé de vin, taché de boue, marchait le sourire à la bouche, promenant voluptueusement ses regards sur le désordre qui régnait autour de lui : c'était le duc de Noyal-Treffléan...

François Soleil allait aussi, de son côté, cherchant sa femme, cherchant Trois-Mai, cherchant Turpin, lorsque l'individu que nous avons déjà vu lui parler une fois revint de nouveau.

— Tenez, le voyez-vous ? lui dit-il ; le voilà qui se dirige de ce côté.

— Nous aurait-il vus ?

Ce n'est pas probable ; il ne nous sait pas ici.

— Il a l'air bien heureux !

— Il aime le tumulte. Un tremblement de terre le rendrait fou de joie.

— Mais, vous voulez donc qu'il vous voie, M. Soleil ?

— Allez, dites à mes hommes de continuer le branle-bas, qu'on renverse tout devant lui !

Le duc approchait.

Soleil, qui craignait d'être vu, monta sur un banc, et cassa d'un coup de poing un des derniers quinquets.

Cette partie de la salle se trouva plongée dans les ténèbres.

Harengères, cardeuses, filandières, sabotières, crieuses, bouquetières, toute cette population vivace et forte, les hommes de la Rapée et de la Grenouillière, les marmitons, les commissionnaires, les cochers, tous et toutes se poussaient, se heurtaient, s'entremêlaient, formant une seule interjection hurlante, assourdissante.

Pierre Aubin, en voulant retenir Jacqueline, aveuglait Marie-Jeanne et cognait Bertrand. Henriette la vinaigrière égratignait Julienne la découpeuse. Il y avait des coups de poing de postillon, des coups de coude de piqueur, des coups de pied de palefrenier. On s'étranglait et on se mordait. D'autres voulaient à toute force se remettre à la danse et criaient : La musique!

La tempête du Grand vainqueur allait crescendo ; le majordome Turpin, seul et les bras croisés, contemplait philosophiquement ce spectacle aux ardentes péripéties.

— C'est beau, c'est très-beau ! disait-il ; Pluton, le dieu du sombre empire, a dû donner un bal pareil le jour de son union avec Proserpine. Voyez-vous ces flots de chair qui s'entre-déchirent en roulant les uns sur les autres, ces cheveux poudrés, épars, qui s'épanouissent comme l'écume des vagues. Emile, mon cher enfant, vous dont je veux former l'esprit et le cœur, où donc êtes-vous pour admirer ce tableau magique?

Turpin avait beau se retourner, ses yeux ne pouvaient plus distinguer personne au travers des ombres amassées derrière lui ; quant à sa voix, il était impossible qu'elle dominât le tumulte parvenu à son comble. Les femmes jetaient de ces sifflements aigus qui vous ratissent la moelle épinière. Les hommes, les uns par cruauté, les autres par plaisir, nageaient à coups de poings dans ces ondes humaines; les tables étaient renversées, les chaises et les bancs semblaient vouloir prendre leur revanche une fois et s'asseoir sur la foule à leur tour.

Du sein de cette confusion se détachait comme un géant brumeux qui marche en courbant des herbes sous ses pieds, la stature imposante du duc de Noyal-Treffléan. Il n'y avait point d'obstacles pour lui, il n'y avait point de femmes évanouies, il n'y avait point d'enfants écrasés ; il passait sur tout et sur tous quelquefois, quand il était trop resserré, il levait le poing et aussitôt place était faite.

Tous les quinquets étaient éteints. Qu'on se figure un millier de gens cherchant tous à la fois une issue pour fuir cette succursale du Tartare. Il n'y a pas de bruit de guerre, pas de mousquetade, pas de coup de foudre, qui puisse donner une idée de ce remue-ménage où le plancher et le plafond frémissaient de compagnie, où les yeux avaient des éclairs, les lèvres des jurons, les mains des soufflets !

Comme il arrive presque toujours en pareil cas, la foule se porta d'un seul côté, vers un point de la salle où les barriques pleines étaient superposées contre le mur et formaient une cloison humide, toujours suivante. C'était la provision de semaine du *Grand vainqueur*; ces futailles vieux rejets des celliers de Bercy, vermoulues et moisies, n'offraient qu'une faible résistance. Au choc monstrueux qu'elles subirent, deux se défoncèrent, laissant tomber un fleuve de vin et d'eau-de-vie. La Seine elle-même, sortie tout à coup de son lit pour entrer par les fenêtres, n'eût pas causé plus d'effroi.

Un quinquet, qui n'était pas bien mort, pencha sa mèche et fit courir des veines bleues sur cette inondation...

Quelques robes s'allumèrent ; de gros souliers ferrés s'abattaient dans la flamme et en lançaient des jets jusqu'à hauteur de tête ; les ivrognes riaient stupidement ; les enfants se traînaient sur les genoux pour tremper leurs doigts dans le vin ; c'était une folie, une fureur, qui dominait par intervalles le violon d'un pauvre musicien idiot, resté seul debout au milieu de cette bagarre.

Ce violon jouait un bien vieux air, don voici les paroles :

Je ne puis, Colin,
Tarder davantage ;
En filant mon lin,
Je vais au village ;
Toi, dans le hameau
Garde-toi de dire...

De temps en temps un hurlement plus formidable que les autres étouffait la chanson, mais on l'entendait un instant après.

Les hommes de François Soleil avaient fermé et barricadé les portes du *Grand vainqueur*. La flamme avait donc beau jeu. Mais la garde arriva, qui entre par les fenêtres défoncées, portant des torches...

> Garde-toi de dire
> Que dessous l'ormeau
> Nous venons de rire.

La garde fit évacuer le bastringue.

Le duc de Noyal-Treffléan avait disparu.

François Soleil retrouva sa femme, et le majordome Turpin retrouva François Soleil.

Mais qu'étaient devenus Emile et Trois-Mai?

II.

L'agonie du XVIII° siècle. (Suite.)

Le long de la rue Mouffetard, voyez-vous ces deux ombres qui vont lentement, appuyées l'une sur l'autre et ne laissant après elles qu'un doux murmure de voix? Il semble que sur leur passage le soir se fasse plus carressant, et que les bruits des maisons s'apaisent. De temps en temps on les voit se retourner, et puis attendre, leurs regards plongés dans le lointain que leur oreille interroge.

Ce sont nos deux enfants perdus.

Deux enfants heureux! car le ciel leur a donné maintenant plus qu'un père, plus qu'une mère, plus qu'une famille! Le ciel leur a donné l'amour. Après avoir été mis au banc de la société, ils peuvent narguer la société à leur tour et se passer d'elle.

Ils marchent.

Cette affreuse rue Mouffetard leur paraît courte et riante.

Et pourtant ce n'est pas de la nuit qu'il y fait, c'est du charbon.

Les masures dont elle est bordée s'effacent dans une ombre flottante qui ne permet aucun relief, aucune apparence exacte, dans une ombre taquine et sans raison qui bouche les fenêtres ou les agrandit démesurément, qui masque une porte ou qui se couche à ses pieds, roulée en bloc de vapeur grisâtre. De temps en temps, la rue se déchire sur un de ses côtés et forme une ruelle étroite ou un cul-de-sac que remplit seul l'œil rouge du reverbère.

Quelquefois aussi, c'est un vieux mur qui se dévoile tout à coup et tout blanc; un pan de mur affaisse et qui s'en va en poussière, avec de grands vides et des lézardes à loger le bras, laid et triste comme un octogénaire idiot.

De tout cela ils ne voient rien. Et cela ne nous étonne pas. Les amoureux passent toujours enveloppés dans une nue, comme les dieux ou les déesses en envoyaient aux héros des poëmes antiques. Émile et Trois-Mai descendaient depuis un quart d'heure la rue Mouffetard sans en regarder les laideurs et les ténébrosités. Au contraire, ils trouvaient à toute chose un air de sympathie. Le pavé ne s'était fait inégal et dur que pour ralentir leur marche ; quel gazon eût pu lui être préféré? La rue était longue, et cependant ls eussent désiré qu'elle le fût davantage. Ah! si la rue où l'on aime pouvait ne jamais finir !

J'en appelle à tous ceux qui ont aimé à Paris, c'est une bonne chose. Que ce soit dans le Paris d'été, étouffant et aphrodisiaque, ou dans le Paris d'hiver, le Paris du soir flamboyant et crotté, au coin d'une rue qui verse le gaz, ou au coin d'un faubourg qui verse le givre, je le répète, c'est une bonne chose.

Alors on ne se forme plus qu'une idée imparfaite du vice.

Toutes les maisons semblent recéler de braves gens.

Vous croyez voir briller des sourires au bout de chaque corridor, et les figures les plus rébarbatives vous apparaissent inondées de tendresse.

Tant que vous n'aurez pas aimé à Paris, vous détesterez Paris. Mais qu'une belle passion vienne vous y prendre, ou seulement quelques gracieuses amourettes, monnaie d'une passion, et peu à peu la terrible ville changera d'aspect à vos yeux. Vos coudes rentreront mieux dans chacun de ses angles. Vous aimerez Paris de la même manière que vous aimerez un camarade qui vous a vu rire et qui vous a vu pleurer. Ces liens mystérieux s'établiront entre les pierres et vous, entre la Seine et vous, entre les habitants et vous. Un beau matin vous vous réveillerez retenu comme Gulliver dans les mailles d'un filet invisible, mais celui-là vous ne pourrez pas le rompre et vous ne voudrez pas le rompre. L'amour, c'est la seule initiation à Paris. Avec l'amour, vous arrivez à comprendre et à excuser la rue Mouffetard.

Emile et Trois-Mai poursuivaient leur entretien si brusquement coupé par l'incident du bal. Ils étaient sortis, portés par la foule, de la salle du Grand Vainqueur. Une fois hors de péril, c'est en vain qu'ils avaient cherché et appelé leurs compagnons. La nuit ne permettait de reconnaître personne. Il leur avait donc fallu prendre un parti et se décider à revenir seuls tous deux ; leurs âmes ployaient sous le bonheur. Trois-Mai avait dit à Emile qu'elle demeurait rue des Prouvaires, à l'angle de la rue Saint-Honoré; et ils allaient vers la rue des Prouvaires avec cette lenteur rêveuse et charmée qui fait si bien sentir le prix de chaque pas chez les amoureux.

Comme ils se trouvaient en ce moment dans la rue Contrescarpe, la jeune fille murmura:

— Je suis fatiguée; reposons-nous un peu.

Ils cherchèrent un banc, et ils en aperçurent un tout près du portail d'une haute et grande maison, peu distante de l'hôtel de l'Eminence grise.

Tous deux s'assirent côte à côte.

L'ombre les enveloppait comme une trame d'araignée; et dans l'angle que le banc de pierre formait contre le mur, l'œil d'une chouette seul eût pu les découvrir.

Il n'y avait pas deux minutes qu'ils étaient là lorsqu'un léger coup de marteau résonna sur la porte de la maison.

Un guichet s'ouvrit.

— Qui est là? demanda une voix de l'intérieur.

— Ami, répondit un homme couvert d'un chapeau rond rabattu sur le visage.

— Que voulez-vous ?

— Théos et Vérité...

Si bas que furent prononcés ces deux mots, ils arrivèrent néanmoins à l'oreille d'Emile.

Il comprit que c'était un signal.

L'homme au chapeau rond rentra, et la porte se referma sur lui..

Emile ne prêta pas d'autre importance à cet incident : on vivait dans un temps inquiet et mystérieux ; Paris sentait vaguement s'agiter ses entrailles.

Le silence se rétablit.

Trois-Mai avait incliné sa tête sur l'épaule du jeune homme ; elle se sentait souffrante sans oser l'avouer. La terreur qu'elle avait éprouvée à la salle de danse et la marche qu'elle venait de subir, tout cela, joint au trouble inséparable de la révélation d'un premier amour, s'était réuni pour accabler cette pauvre petite âme.

Elle tremblait, sous l'empire de la fièvre.

Son sourire se décolorait de plus en plus ; ses lèvres blanchissaient comme le corail soumis à l'action du feu.

Tout à coup un second coup de marteau retentit à la porte.

Pour la seconde fois, le guichet s'ouvrit, et la même voix demanda :

— Qui va là ?

— Théos et Vérité.

Emile aperçut deux individus, l'un en redingote, l'autre en habit vert. Ils avaient répondu ensemble et ils se tenaient par le bras.

Celui qui avait l'habit vert étant le plus rapproché, ce fut naturellement sur lui qu'Emile porta toute son attention.

Il vit un homme d'une taille au-dessous de la médiocre, vêtu avec une sorte de recherche, les cheveux poudrés et ramassés dans une bourse, un peu guindé, un peu empesé, grêle de formes, et dont la démarche présentait un bizarre mélange d'assurance et de précaution tout à la fois.

Avant d'entrer, cet individu fit jouer son regard autour de lui.

Ses deux yeux inquisiteurs rencontrèrent deux yeux étonnés.

Il hésita.

Puis, quittant le bras de son compagnon, il avança sur le banc.

— Qu'est-ce que vous faites là? dit-il d'une voix aigre et brusque, empreinte d'un désagréable accent provincial.

Emile et Trois-Mai ne répondirent pas.

Seulement Emile regarda cette figure, qui était presque sur la sienne.

C'était une face effilée et pâle, aux pommettes saillantes, aux muscles frémissants ; c'était un front étroit, une prunelle qui papillonnait, une bouche aux lèvres contractées ; dans l'ensemble, c'était quelque chose de vivant et de mort, dont on ne se rendait pas bien compte.

Emile détourna la tête.

L'homme à l'habit vert allait répéter sa question lorsqu'il fut rejoint par son compagnon qui s'impatientait.

— Allons, Maximilien, vous voyez bien que ce sont deux enfants; vos inquiétudes sont ridicules, venez...

Il l'entraîna.

Et, pour la seconde fois, la lourde porte qui s'était entre-bâillée se referma avec un bruit pesant.

Trois-Mai, qui avait eu quelque frayeur, voulut se lever et continuer sa route.

— Marchons! dit-elle d'une voix altérée.

Mais à peine eurent-ils fait une dizaine

de pas, qu'Emile la sentit chanceler et comme défaillir.

Il lui prit les deux mains. Tout à l'heure brûlantes, elles étaient à présent plus glacées que du marbre.

Il jeta les yeux sur elle : ses yeux tournaient au blanc et sa tête se renversait, cherchant un appui.

Elle murmura :

— Cet homme m'a fait peur. Je... je me trouve mal...

Son corps s'affaissa, soutenu par Emile, et se coucha sur le pavé.

Il poussa un cri.

Que faire ? Où chercher du secours ? Et comment la quitter, d'ailleurs ? Cette tête qui repose dans ses mains, peut-il lui donner une pierre pour chevet ?

Appeler ? la rue est déserte.

Les bourgeois redoutent les piéges des voleurs et n'ouvrent pas facilement leur porte. Ils ont le sommeil dur. L'égoïsme et la crainte leur mettent du coton dans les oreilles.

Emile se désolait.

— Trois-Mai ! entendez moi... Trois-Mai ! revenez à vous... un peu de force !..

Trois-Mai était évanouie.

En ce moment onze heures sonnèrent à une horloge voisine; onze coups bien lents, bien graves, bien en harmonie avec le temps pur et calme qu'il faisait; onze voix qui chantèrent dans le firmament.

Emile regardait autour de lui avec les grands yeux du désespoir.

Soudain, à l'extrémité la plus rapprochée de la rue Contrescarpe, il entendit un bruit léger de pas ; et sur le gris d'une muraille il vit se dessiner une forme noire qui s'avançait avec promptitude.

— A moi! à moi! s'écria-t-il en se soulevant sur un genou.

La forme noire approchait.

C'était une femme...

Elle se pencha sur le groupe gisant à terre et prononça quelque paroles de compassion.

Ses habits indiquaient évidemment

qu'elle appartenait à la classe du peuple.

— Pauvre petite ! dit-elle en considérant le visage de Trois-Mai ; elle est sans connaissance.

— Ah ! sauvez-la, sauvez-la, je vous en prie !

— Attendez... ce n'est rien...

La femme chercha vivement dans sa poche et en tira un mouchoir, dans lequel était enveloppée une cassolette.

Cette cassolette, elle la fit respirer à Trois-Mai.

Bientôt un mouvement sensible agita les traits de la jeune fille.

Elle allongea la main.

— Voyez ! elle revient à elle ; son cœur recommence à battre ; voyez...

Mais Emile ne regardait pas, il écoutait.

Il écoutait cette voix qui le frappait

étrangement et qu'il lui semblait avoir déjà entendue.

Il écoutait...

Et il cherchait aussi à distinguer la figure de cette femme.

De cette femme qui cachait des sels et des flacons sous un costume presque indigent.

Elle demeurait inclinée sur Trois-Mai.

A la fin, elle se releva.

Et, en se relevant, sa tête apparut.

Une exclamation s'arrêta dans la gorge étranglée d'Emile.

Il ouvrit la bouche. Un frisson imprima une secousse immédiate à tout son être, et il resta effaré et tremblant, comme si les doigts d'un lutin se fussent exercés à pincer de la harpe sur ses entrailles.

Il voulut dire : Merci ! et il ne le put pas.

Pendant ce temps, la femme s'éloigna sans même l'avoir regardé.

Elle atteignit la maison mystérieuse souleva le marteau et échangea le mot de passe. La porte s'ouvrit pour elle, comme elle s'était ouverte pour les trois précédents personnages.

Alors la lumière de l'intérieur, frappant soudain sur son visage, l'éclaira de profil aux yeux ardents d'Emile.

Et cette fois il ne douta plus.

Il venait de reconnaître madame la marquise de Perverie!...

La marquise de Perverie, seule, la nuit,

à onze heures, sous un déguisement!

La marquise, à pied, courant dans un quartier perdu, repaire des chiffonniers et des ivrognes!

Elle, une grande dame! elle, si fière, si riche, si belle et si admirée!

— Emile... Emile...

C'était Trois-Mai qui essayait de se soulever.

Mais Emile avait tout oublié pour ne plus songer qu'à la marquise.

Debout, immobile, il se demandait ce qu'elle allait faire dans cette maison. Aucune lumière ne se montrait au dehors : tout semblait silencieux au-dedans.

Un instant il crut avoir rêvé. Ses deux mains se portèrent à son front et il secoua plusieurs fois sa tête avec frénésie. Le marteau, le guichet et le signal lui apparurent comme un triple jeu de son imagination.

Il tâcha également de chasser le souvenir des paroles de l'homme à l'habit vert. L'image de la marquise fut repoussée avec emportement.

— Allons donc! s'écria-t-il avec un faux sourire, je suis fou!

Mais alors qu'il prononçait ces paroles, son regard s'abattit sur un objet blanc qui touchait ses pieds.

Il le ramassa.

C'était le mouchoir oublié par la femme de tout-à-l'heure.

Un mouchoir de fine dentelle, petit, brodé, et qui exhalait ce parfum particulier aux gens du monde.

Il chercha précipitamment à l'un des bouts, et il trouva les armes de la marquise de Perverie.

— Oh! dit-il à voix basse.

Et s'étant assuré qu'il n'était vu de personne, il serra ce mouchoir dans sa poitrine.

Trois-Mai avait tout à fait repris sentiment; elle ressaisit le bras d'Emile, et tous deux se remirent en route.

Avant de quitter la rue Contrescarpe, il retourna la tête une dernière fois.

— Qu'est-ce que vous avez? lui demanda Trois-Mai; et que regardez vous ainsi? On dirait que vous voudriez revenir sur vos pas.

Elle ne croyait pas deviner si juste Emile eût donné trois ans de sa vie pour être seul en ce moment, afin d'attendre la marquise et de pénétrer le mystère de la maison aux rendez-vous.

Il ne répondit pas à la question de Trois-Mai; mais une idée subite éclaira son cerveau.

Il hâta le pas.

Autant leur marche avait été lente, autant elle se fit rapide maintenant.

Bientôt ils arrivèrent au bas de la rue de la Harpe, sans avoir rompu le silence.

— Comme nous allons vite! dit Trois-Mai qui s'arrêta pour respirer et pour sourire.

Émile ne souriait pas.

— Marchons! répontit-il; marchons, car il se fait tard.

— Une minute seulement!

— L'inquiétude de Christine doit être grande; venez!

— Vous ne me disiez pas cela tout à l'heure, reprit doucement la jeune fille.

— De grâce, venez! venez!

Ils gagnèrent les quais,

L'impatience d'Emile se dévoilait manifestement; les minutes lui semblaient des heures, et lorsqu'il passa dessus, le Pont-Neuf lui parut avoir une lieue de long.

Il était évident qu'il avait un projet.

De son côté, Trois-Mai devenait plus triste à mesure qu'elle approchait de la rue des Prouvaires.

Lorsqu'elle n'en fut plus éloignée que de quelques pas, elle dit à Emile :

— Quand nous reverrons-nous ?

— Demain, après-demain, le plus tôt possible.

— Christine est bonne, elle vous recevra. Si vous saviez comme nous vivons seules toutes deux ! Ce sera une distraction pour elle, pour moi ce sera un bonheur.

— Chère Trois-Mai !

— C'est singulier, vous n'avez plus l'air de m'écouter avec la même attention, vos yeux ne se fixent plus sur les miens et vous ne me parlez plus comme au bal. D'où vient cela, mon ami ? Qui donc fait votre préoccupation et votre tristesse ?

— Rien, dit vivement Emile ; rien, je vous assure.

— Je ne sais pourquoi il me vient à cette heure de fâcheux pressentiments, soupira la jeune fille en hochant la tête.

Ils étaient dans la rue des Prouvaires.

Trois-Mai s'arrêta devant une porte d'allée, et dit :

— C'est ici.

A ce moment il passa comme un remords dans le cœur d'Emile ; il quittait tant de grâce, tant de douceur et tant d'amour ! Malgré lui, ses pieds restèrent attachés au sol et ce fut à peine s'il entendit l'adieu qu'elle lui adressa.

Et quand il sentit dans sa main celle de Trois Mai, il eut un mouvement pour la retenir...

Tout à coup la marquise de Perverie lui revint à la pensée.

Il tressaillit comme un homme qui se réveille.

— Adieu ! lui dit encore la jeune fille en mettant un sourire dans sa voix.

Elle disparut au fond de l'allée obscure.

Emile eut franchi en un quart d'heure

la distance qui le séparait de la rue des Prouvaires au faubourg du Roule. Il ne marchait pas, il courait; il ne courait pas, il volait. La figure de la marquise s'attachait à ses pas; il la voyait auprès de lui, agenouillé sous des vêtements noirs, et il se rappelait qu'elle lui avait parlé et qu'il avait respiré son haleine.

Minuit sonnait quand il rentra à l'hôtel de la Perverie.

La sueur découlait de son front; il n'en pouvait plus.

De son cœur à sa gorge ce n'était qu'un vaste battement.

Chez le portier, il se laissa tomber sur la première chaise.

— Y a-t-il longtemps que M. Turpin est rentré? demanda-t-il dès qu'il put prononcer quelques mots.

— Une demi-heure à peu près.

— Et... madame la marquise?

— Madame la marquise? répéta le portier d'un air d'étonnement.

— Oui.

— Madame la marquise n'est pas sortie de la soirée.

— En êtes-vous bien sûr ?

— Parbleu !

— Elle n'a été ni à l'Opéra ni à la retraite de Saint-Philippe ?

— Non.

— C'est étrange ! se dit tout bas le jeune homme.

— Mais pourquoi me faites-vous ces questions ?

— C'est qu'il m'avait semblé rencontrer tout-à-l'heure madame la marquise.

Le portier prit Emile par le bras, l'entraîna hors de sa chambre et le conduisit sans mot dire au milieu de la cour.

Là, il lui montra du doigt les fenêtres toutes vives éclairées de l'appartement de madame de Perverie.

— Voyez-vous ?

— Oui, je vois, murmura Emile.

— Eh bien ? ajouta le portier avec un sourire.

— Je me suis trompé.

— Probablement.

Emile monta chez lui, en remuant dans sa tête un monde de réflexions...

Sur l'escalier, il se croisa avec la femme de chambre, mais il n'osa pas l'interroger.

— Après tout, qu'ai-je besoin d'autre preuve que ceci? murmura-t-il en pressant sur sa poitrine le mouchoir trouvé dans la rue Contrescarpe.

CHAPITRE QUATRIÈME.

IV.

L'agonie du XVIIIᵉ siècle. (*Suit*.)

Les écrivains du dix-huitième siècle ne se sont préoccupés du peuple que beaucoup trop tard. Ils ne l'ont vu que lors de ses premiers désordres, ils ne l'ont entendu que lors de ses premiers grondements.

En revanche, ils nous ont donné un dix-huitième siècle de leur façon, sorti tout jaune et reluisant de chez le doreur ; un dix-huitième siècle exclusif, qu'ils ont enfermé dans un palais, dans un boudoir ou dans une charmille.

De sorte que le dix-huitième siècle, tel qu'il est arrivé jusqu'à nous sur les ailes de Crébillon fils, est maintenant une chose insupportable, le pire des siècles. Imaginez un vieux pot de pommade sur lequel tout le monde a passé le pouce.

C'est une procession interminable de marquis, de chevaliers, de vicomtes, de commandeurs, de petits-maîtres et de petites-maîtresses. Voici Eliante et Zulmé qui se rendent à la promenade, vêtues d'une amazone couleur de pensée, avec un collet et des parements queue-de-serin, un chapeau à la Henri IV et une canne entre les doigts.

Voici l'abbé pirouettant, le mousquetaire jurant et le financier ruminant. Voici Cléon, Damis, Saint-Fal, gens de qualité, courtisans, amoureux, joueurs, couverts de dentelles, de poudre, de diamants, de rouge et de ridicules.

Ils remplissent toutes les histoires et tous les romans.

Il n'y a place que pour eux dans les gazettes et dans les satires.

Mais où sont donc Eustache, Baptiste, André, Pierre, Nicolas, Mathieu et les autres?

Où sont Louise, Marie et Jeannette?

Où est le peuple, enfin?

Qu'a-t-on fait du dix-huitième siècle des mansardes, des greniers, des cabarets, des échoppes remplies de toiles d'araignée et de plaintes? Qu'a-t-on fait du dix-huitième siècle des pauvres diables, des ouvriers, des filles mendiantes? du dix-huitième siècle en mains rouges, qui avait des taches de travail à ses vêtements, silencieux, résigné, mais qui s'épandait si largement sur le pavé de Paris les grands jours de fête?

Où est le dix-huitième siècle du peuple?

Il disparaît dans l'orbe lumineux de la cour. Les poëtes chantent Eglé et composent des tragédies qui se passent dans des palais. Les romanciers font des romans qui se passent chez les Turcs, et dont les héros s'appellent Acajou, Aloès ou Colibri.

En cela, ces écrivains, nés du peuple eux-mêmes, fils de paysans ou de boutiquiers pour la plupart, méritent un blâme sévère. La vanité les a perdus. Ils ont préféré se mettre les derniers à la queue du roi que les premiers à la tête du peuple.

L'antichambre l'a emporté sur la rue ; ils ont été élégants, aveugles et futiles à plaisir.

Croyez-vous qu'au lieu d'adresser des épîtres au roi de Prusse, le sentimental Baculard d'Arnaud, si ridicule et si gueux, n'eût pas mieux fait de nous raconter ses amours intéressées avec la belle rôtisseuse de la rue Huchette ?

> Là, soupirait à côté d'un gigot
> Le doux Arnaud, le lamentable Arnaud...

Et tous ces fabricants de contes bleus, ces madrigalistes, ces grimpeurs d'Hélicon, n'avaient-ils une plus belle matière dans la peinture des mœurs et des misères d'en bas, leurs mœurs et leurs misères, après tout ?

Mensonge et vanité!

Ils rimaient en l'honneur de Cydalise, et les rats leur mangeaient les jambes.

Et plus que jamais le peuple était privé d'historien.

Ouvrez, consultez les annales : presque tout le dix-huitième siècle se passe entre la cour et les philosophes. Du peuple, il en est à peine question.

Personne ne s'en occupe. On ne sait ce qu'il fait, ni ce qu'il dit, ni ce qu'il pense.

Lui-même, d'ailleurs, semble s'oublier, s'annihiler complétement. Il n'a plus cet esprit querelleur du temps de la Fronde; il n'a plus cette humeur insolente et basse du temps de la régence. Il n'écume plus à la surface des événements politiques.

Jusqu'aux trois quarts du siècle, il faut chercher le peuple dans les coins obscurs des pamphlets ou dans les *Sottisiers*, recueil de chansons grossières, mais caractéristiques.

Il faut le chercher jusqu'au moment où on le rencontre derrière le cercueil de

Louis XV, qu'il escorte en riant et en chancelant une bouteille à la main.

Alors seulement on voit le peuple, et on le voit bien, car cette fois il barre le chemin et force les regards.

On plonge jusqu'au cœur de sa vie passée et de sa vie présente.

Il surgit tout d'un coup et tout d'une pièce avec ses vices, avec sa haine, avec sa colère tardive, avec sa vengeance qui boite, avec sa joie sacrilége et grosse des douleurs futures.

Alors seulement, le peuple commença à être pris à partie d'une façon sérieuse par quelques hommes de plume éclairés subitement, courageux, et qui se moquaient pas mal de l'Académie.

Il eut ses livres, épouvante de la Harpe! ses romans écrits comme l'on parle, par des auteurs venus de la campagne.

Il eut tour à tour l'*Aventurier français*, le *Paysan perverti*, la *Mouche ou les espiègleries de Bigand*, le *Tableau de Paris* et l'immense publication des *Contemporaines*, avec ses curieuses gravures, ses mœurs plus curieuses encore, son style barbare et son orthographe nouvelle.

Le peuple alors se mit en ligne avec la cour; il eut ses poëtes et ses chansonniers.

Il leur fit célébrer Fanchon, Margot, ses déesses à lui, et surtout Manon Giroux, qui, dès l'âge de quinze ans, tenait tête aux meilleurs buveurs, jeune et jolie fille qui fut enlevée, avec plusieurs de ses compagnes, pour aller peupler le Canada.

Il eut ses philosophes ignobles et de bas étage, comme du Laurens.

Il eut son roi des barrières : Ramponneau !

Il eut aussi ses grands acteurs et ses grands succès de comédie.

Chaque soir, de la fange illuminée du boulevard du Temple, s'élevaient des éclats de rire et des battements de main.

Le peuple fêtait ses illustrations. Taconnet, surnommé le *Molière des boulevards*, jouait entre deux vins ses admirables parades si imprégnées de joie rubiconde.

Une vraie gloire, ce Taconnet !

Les militaires et les savetiers, tous les habitués des théâtres de la foire ne juraient que par lui.

Régulièrement, dès que les chandelles étaient allumées, il fallait aller le tirer de dessous la table de son cabaret pour l'amener devant le public; on le prenait, on le coiffait d'une perruque rousse; puis on le poussait sur un tréteau, cet homme ainsi pantelant, ivre de génie et de suresne.

Longtemps il fut l'amour du peuple, jusqu'au jour où, par un beau temps de soleil, il s'en alla mourir à l'hôpital, où meurent ordinairement tous les talents sincères.

Mais quand ce ne fut plus Taconnet, ce fut Dorvigny.

La tradition de la goguette ne devait plus périr.

Dorvigny, qui était une nature pleine d'originalité et de force, en un jour de verve, il écrivit une farce qui eut le retentissement du Cid et qui fit pâlir le soleil tournant de Figaro; cette odyssée populaire, c'était Janot ou les Battus payent l'amende.

Le succès fut tel que la cour en retourna la tête, et que l'on vit bientôt des grandes dames se bousculer à la porte du théâtre des Variétés-Amusantes pour venir applaudir aux monologues amoureux de Janot sous la croisée de sa maîtresse, et à son désespoir lorsque le père lui jette un pot de chambre sur la tête. Le style de ce chef-d'œuvre populaire est d'une rare curiosité.

Comme modèle du genre, tout le monde connaît cette phrase, qui excitait alors d'unanimes trépignements :

« C'est feu mon père qui avait un beau

couteau, devant Dieu soit son âme! pendu à sa ceinture, dans une gaîne, avec quoi il faisait sa cuisine. »

Nos grands-pères n'en parlent encore qu'avec des larmes de rire.

Aussi désormais ce fut dans le peuple, et dans le peuple des derniers rangs qu'un bon nombre d'auteurs allèrent chercher leurs héros.

La littérature fut saisie d'un rude et joyeux amour de la vérité qui fit voiler la face au bon goût, mais qui enchanta les hommes de bon sens.

C'est également de cette époque que datent les Boniface-Pointu sortis tout équipés de la tête de Guillemain, qui se perdit plus tard de réputation en composant de grandes coquines de comédies en cinq actes pour le Théâtre-Français.

Qu'on ne s'étonne donc pas si, à partir de ce moment, le peuple fait de larges irruptions dans cette histoire.

Nos mains habituées aux rampes dorées des hôtels vont s'appuyer plus souvent sur le bois humide ou sur la corde des escaliers obscurs.

La vie va se montrer sous ses aspects dénudés et cruels; et l'heure est venue où le fard tombera des joues, comme le plâtre des plafonds.

Suivez-nous donc, pour commencer, chez l'homme que nous avons laissé au Grand vainqueur, brisant les quinquets et renversant les tables, chez François Soleil.

Nous assisterons à un drame douloureux et intime, à un drame populaire.

François Soleil occupait avec sa femme un deuxième étage de la rue des Prouvaires, une des rues les plus animées et les plus populeuses du quartier Saint-Honoré, mais aussi une des plus sombres, une rue qui sent le chiffon, la lessive, la cuisine éternelle, tout ce qui constitue les rouages grossiers de la vie. C'est une des rues de Paris dont les maisons sont le plus admirablement habitées par en haut; on le reconnaît à la prodigieuse quantité de marchands d'habits qui y passent et repassent, thermomètre certain de la pauvreté.

En effet, le marchand d'habits, avec sa chanson criarde et incessante, est plus cruel que le mont-de-piété, qui ne dit mot et qui attend; le marchand d'habits est impitoyable, il s'arrête, il interroge de l'œil les mansardes; il les interpelle à haute voix; il vous tourmente, il vous rappelle votre misère à chaque instant du jour; si vous êtes endormi, il vous réveille; si vous n'êtes pas chez vous, il repassera dans une heure, dans deux heures, dans trois heures, lui ou un autre : « Marchand d'habits ! Vieux habits à vendre ! » Et ainsi de suite jusqu'au soir. Il n'aura pas de repos que vous ne lui ayez vendu votre vieil habit ou votre vieille robe.

Au bout de la journée, le marchand

d'habits rentre chez lui, chargé de toute la misère des greniers de Paris : dentelles de noces vendues en pleurant, humbles vestes recousues aux coudes, langes des enfants morts, et même quelquefois langes des enfants vivants. A son tour, il les monte et les enfouit aussi, lui, dans son grenier. Le lendemain il recommence.

L'appartement des époux Soleil se composait de trois ou quatre petites pièces meublées commodément, mais avec simplicité; d'un aspect un peu froid, et qui s'harmoniait avec les temps des pluies.

Il faut avoir vingt ans, rêver l'avenir rose, être amoureux avec délire ou ambitieux avec rage, pour vivre heureux dans ces chambres glaciales, qui seraient des prisons si elles avaient des barreaux. Les murs, dont on entend s'égrener la poussière, derrière les tapisseries parcheminées et flasques, semblent vous gronder de vos éclats de rire, et vous en vouloir de vos pensées d'espérances. Mettez-vous aujourd'hui des rideaux blancs à votre fenêtre, ils seront gris demain, après-demain ils seront jaunes. Le plancher et le plafond adorent les reflets tristes de la chandelle, cette maigre chandelle des pauvres gens qui appelle les fantômes du désespoir, fatigue les yeux et fait sortir de tous les trous une légion d'insectes timides et d'araignées rêveuses.

Le travail est doublement pénible dans cette atmosphère plaintive, qui n'a ni la majesté des retraites claustrales, ni l'absurde férocité des cachots.

C'était là dedans que François Soleil avait logé sa jeune femme, par la raison que la rue des Prouvaires n'était ni trop près ni trop loin de l'hôtel de M. de Noyal-Treffléan. C'était là dedans que Christine, enterrée vivante, voyait se passer lentement ses jours depuis huit ans bientôt.

L'histoire du mariage de François Soleil avec cette pauvre créature est une chose touchante. Un soir de dimanche, comme il sortait de l'hôtel de Noyal-Treffléan, le cœur gros des basses actions de la semaine, il entra dans une rue presque déserte où cinq ou six petites filles dansaient une ronde en chantant. Il s'arrêta à les regarder, rêveur, à quelques pas d'elles.

C'était en été, l'air était tranquille et doux; tout dans cette petite rue, aux magasins fermés, respirait un bon parfum. Les jeunes filles s'en donnaient à cœur joie dans leurs belles robes blanches volantes.

François, adossé contre une maison d'en face, suivait depuis quelque temps leur cercle d'un œil envieux, lorsqu'une d'entre elles, la plus grande, une enfant de quinze ans, se détacha tout à coup de ses compagnes, vint à lui, et le saluant de son plus angélique sourire :

— Voulez-vous danser, avec nous, monsieur ? lui dit-elle.

Il ne répondit rien, tant il se sentait ému, mais il se laissa prendre par la main et entraîner dans ce groupe charmant....

Ce fut pour lui une heure divine; il lui en vint aux yeux des larmes d'attendrissement et de bonheur.

Celle qui l'avait invité si naïvement était la fille d'un artisan usé par le travail et ne vivant guère qu'au jour le jour. François Soleil alla le voir le lendemain. Dès qu'elle l'aperçut, Christine se prit à rougir et se prit à trembler.

— Que voulez-vous? demanda le père.

— Etre votre gendre.

— Rendrez-vous ma fille heureuse ?

François Soleil se tut un instant ; puis il répondit :

— Je l'aimerai.

— Pouvez-vous lui donner par-ci par-là quelque chiffon, un bonnet nouveau, quelques fanfreluches à la mode ?

— Tout ce qu'elle voudra.

— Prenez-la donc, si elle y consent.

Ainsi fut conclue cette union dont le

ciel détourna les yeux, et qui ne devait amener que de funestes fruits dans l'avenir.

Quelques mois après, le père de Christine mourut.

Il mourut de travail, ce qui est parfois une maladie.

Sur le lit de sangle où il couchait depuis sa jeunesse, mais où il ne dormait plus depuis sa vieillesse, les derniers conseils qu'il donna au mari de sa fille furent ceux-ci :

— Ne brutalisez pas trop Christine...

Passez-lui quelque chose de temps en temps.... Elle vous aime, c'est le principal... Vous, restez un honnête homme, mais ne soyez pas toujours distrait et sombre comme on vous voit ; que la joie de votre cœur monte plus souvent à votre front et à vos lèvres... Adieu, adieu... Donnez mon nom à votre premier-né.

Ce dernier vœu ne fut pas plus réalisé que les autres. Depuis huit ans, huit siècles! Christine n'avait pas rencontré un jour de bonheur ou simplement de gaieté. Dieu lui avait refusé un enfant et sa jeunesse s'en allait, feuille par feuille, sourire par sourire, rongée par l'ennui, comme une fleur rongée par un ver. Cependant Christine était née pour le plaisir et pour la vie en dehors, elle avait la gaieté sur la bouche, la santé sur les joues. Il semblait qu'elle ne fût venue au monde que pour y briller et pas pour autre chose.

Toute jeunette, quand elle mettait une robe, ce n'était pas pour s'habiller, c'était pour s'en parer. Et son plaisir à elle coûtait réellement si peu de chose! C'était moins que rien, le grand air, une promenade avec quelques rubans neufs sur la tête, la grand'messe de Pâques, enfin le bruit, la vivacité, la compagnie, tout ce qui est l'existence des femmes. Christine eut tout cela, jusqu'au jour de son mariage.

Dès qu'elle fut mariée, adieu le plaisir et les beaux rêves!

Il fallut que ses yeux si limpides et si brillants s'habituassent au vide et au noir; elle ne vécut alors positivement ni pour elle ni pour les autres, elle vécut pour la vie, ce qui est le pire destin.

Ce n'était pas qu'elle eût de la répugnance pour son mari. Au contraire. Elle n'aimait et n'avait jamais aimé personne que lui. Mais elle sentait qu'entre eux deux il y avait quelque chose de funeste. Cet amour comportait du malaise.

François ne rentrait jamais au logis que fatigué de ses luttes avec l'impossible, et trouvant une créature naïve qui l'interrogeait involontairement de son regard doux et curieux, malgré lui sa conscience se révoltait au contact de cette innocence qui semblait deviner ses anxiétés et en avoir compassion.

Ainsi l'on conçoit que ce fut avec ivresse que Christine s'attacha à Trois-Mai, amie inattendue et consolatrice envoyée par le ciel.

Elle ramassa cette affection, comme une négresse un bijou perdu. Trois-Mai devint sa poupée, pour la toilette de laquelle elle eût mendié de la dentelle et du satin; elle lui avait donné tout ce qu'elle avait de plus beau, et il avait bien fallu que celle-ci acceptât, car Christine était violente dans ses bons mouvements, comme François Soleil dans ses mauvais.

La vie de ces deux femmes se passait dans une rêverie agissante et parlée; elles voyageaient continuellement dans le cœur l'une de l'autre, et y faisaient chaque jour les plus ravissantes découvertes.

Leurs amusements uniques étaient la chanson et la danse.

Christine avait absolument voulu apprendre à danser à Trois-Mai, la chanson à voix basse, la danse au pied furtif, lorsque le verrou est tiré sur la porte. Je ne sais pas si je vous fais bien comprendre ces deux figures, ange et oiseau, ces deux sœurs de souffrance et de candeur...

Pour donner une joie à Trois-Mai, pour voir un sourire dans ses yeux, Christine eût accompli des prodiges, réalisé des choses fabuleuses, comme par exemple d'avoir une volonté et de l'opposer à celle de son mari.

C'était ce qu'elle avait fait la veille en allant au bal du Grand vainqueur. Seule, elle ne l'eût certainement pas osé. Mais en songeant au plaisir et aux étonnements que ne manquerait pas d'éprouver Trois-Mai, elle n'avait pu résister au désir de lui procurer ce qu'elle croyait être la plus heureuse et la plus somptueuse des sensations humaines.

Nous savons comment se termina cette fête, si joyeusement commencée, et les faits qui s'en suivirent.

Il n'était pas venu de pensées de jalousie à Christine en voyant la sollicitude de François Soleil pour Trois-Mai. Néanmoins cette sollicitude s'était manifestée au Grand Vainqueur, d'une si étrange façon et avec un tel emportement, qu'elle ne put se défendre le lendemain de chercher le mot de cette énigme.

Elles étaient assises toutes deux auprès d'une fenêtre qu'elles avaient ouverte, pour voir par-dessus les maisons voisines, un coin du ciel brodé de nuages blancs et gris.

Elles se regardaient, ne sachant par

quel bout entamer le gâteau de leur confidence.

— T'es-tu un peu amusée, hier soir? demanda Christine.

— Oh! je vous assure, répondit la jeune fille après une courte hésitation rêveuse consacrée à savourer un délicieux souvenir de la veille.

— Trois-Mai, je te l'ai déjà dit, je veux que tu me tutoies.

— C'est vrai, je l'avais oublié.

— Que te disait le jeune homme avec qui tu as dansé ?

Trois-Mai rougit.

— Ai-je été indiscrète ? demanda Christine.

— Non, tu ne saurais l'être avec moi que tu aimes et protéges comme ferait une sœur aînée.

— Mais alors, si tu veux bien me regarder comme ta sœur, tu me permets, n'est-ce pas, de te donner de bons conseils ?

— Oh oui !

— Eh bien ! il ne faut pas écouter les jeunes gens, jamais ; il faut rire de leurs fleurettes, vois-tu, car c'est tout l'un ou tout l'autre : si on n'en rit pas, on en pleure.

— Cependant Christine, quand on veut être un jour mariée comme toi, il faut bien écouter une fois, celui qui doit vous prendre pour sa femme.

— Si on veut être heureuse, il faut rester fille.

— Vraiment ! n'es-tu pas contente d'être madame Soleil ?

— Certainement, je ne puis pas dire que je sois malheureuse, dit Christine avec un sourire frère d'une larme; mais malgré tout, il y a une différence entre la vie que je mène aujourd'hui et le temps où je dansais devant la maison de mon père.

— M. Soleil est peut-être vif quelquefois?...

— Tu as pu t'en apercevoir déjà, mais il n'y a pas que sa vivacité qui m'afflige; figure-toi que sa vie est un mystère impénétrable pour moi; souvent une bonne action que je lui ai vu faire la veille se transforme le lendemain en une combinaison inconcevable.

— N'est il pas, comme tu me l'as dit, aux gages d'un grand seigneur très-riche?

— C'est ce qu'il prétend.

— Pourquoi douter?

— Il est tant de choses que je ne comprends pas dans la conduite de mon mari; et dire, qu'en ce moment si j'osais, je pourrais... Tiens, Trois-Mai, tu es jeune, mais, à mon tour, je vais te demander un conseil.

— A moi ? dit la jeune fille.

— Oui, écoute. Tu vois ce petit coffre, là au coin ?

Christine désignait un meuble en bois de chêne, riche de ferrures, sinon de formes.

— C'est là que François cache un livre, une sorte de journal sur lequel il écrit tous les jours ce qu'il fait pour M. le duc de Noyal-Trefflean.

— Mon Dieu! dit la jeune fille avec un enthousiasme d'enfant, que j'aimerais à m'appeler ainsi !

— L'ambitieuse !

— Mademoiselle de Noyal-Treffléan ! ça sonne comme un carillon de Noël... Mais continue donc.

— Ce coffre n'a jamais été ouvert par moi. Mon mari en garde la clef, comme un avare celle de son trésor. Eh bien ! si je le voulais, je pourrais y fouiller à mon aise.

— Il a oublié de le fermer?

— Non, mais il a laissé tomber ceci.

En même temps Christine montra une petite clef polie par l'usage.

— Mais, es-tu bien sûre que ce soit justement la clef de ce meuble ? interrogea Trois-Mai.

Christine fit un signe de tête affirmatif.

— Comment le sais-tu ?

— Tout-à-l'heure, j'ai essayé de l'introduire dans la serrure, et...

— Et ?

— La clef est entrée.

— Curieuse! dit Trois-Mai en riant.

— Puis, la clef a tourné, continua Christine en baissant la tête.

— Ah! la clef a tourné?

— Oui, une fois d'abord... et une autre fois ensuite. Le couvercle a cédé. Alors...

— Alors, tu as levé le couvercle?

— Non, répondit Christine.

— Non:

— J'ai entendu du bruit, la peur m'a prise, et je n'ai eu que le temps de le laisser retomber.

— Ah ! s'écria Trois-Mai, tu vois bien que tu avais levé le couvercle.

— Oh ! si peu, si peu !...

— Enfin, voyons la suite.

— Quand je n'ai plus rien entendu, je me suis rassurée, j'ai rougi de mon indiscrétion et j'étais bien résolue à ne plus jouer désormais le rôle de la septième femme de Barbe-Bleue.

— Lorsque ?

— Je me suis aperçue qu'un papier passait...

— Aïe ! aïe !

— Dans ma précipitation à refermer le coffre je n'y avais pas pris garde. Juge du danger que j'aurais couru si je ne m'en étais aperçue à temps !

— Enfin, ce papier ?

— Ce papier... c'était un cahier.

— Bon ; mais ce cahier ?

Christine hésita un moment ; puis, toute confuse :

— Le voilà ! dit-elle.

Trois-Mai ne put s'empêcher de partir d'un éclat de rire qui alla briser ses notes argentines contre les murs refrognés.

Christine la regardait avec étonnement.

— Que faire ? dit-elle.

— Dame ! il faut lire.

— Tu crois ?

— Assurément.

— Je n'ose... fit la jeune femme.

— Pourquoi cela?

— Si mon mari venait à l'apprendre et à se fâcher ?

— Alors ne lis pas.

Christine leva sur Trois-Mai un éloquent regard.

— Trois-Mai, dit-elle, tu as tort de t'amuser de mon embarras; je souffre, bien vrai!... Si jamais tu es mariée, écoute ce que je dis, tu te souviendras de mes inquiétudes et peut-être alors ne riras-tu pas autant.

Ce peu de mots avaient été prononcés d'un accent triste et simple. qui alla au cœur de Trois-Mai. Elle demeura les yeux vagues, et comme réfléchissant.

Tout à coup elle saisit le manuscrit qui était dans les mains de Christine.

— Lisons, dit-elle; car à ta place, oui, je le sens, j'eusse fait ce que tu as fait.

Christine poussa un cri de joie.

— Lisons! répéta-t-elle.

Les deux jeunes femmes se rapprochèrent et placèrent le manuscrit sur leurs genoux. Trois-Mai le tenait d'une main, tandis que de l'autre elle entourait les épaules de son amie. Celle-ci tournait les feuillets.

Leurs deux têtes se touchaient par les cheveux mutins et brillants placés sous un mince filet de jour pâle descendu par la fenêtre.

Elles commencèrent.

Christine lisait à voix haute, en se guidant du doigt.

Trois-Mai suivait du regard.

Voici quelques fragments de cet écrit. Certains d'entre eux ont la valeur d'un document historique et ont occupé jadis les libellistes.

C'est la crème et la quintessence du panier des extravagances du dix-huitième siècle.

En tête de la première page on voyait :

JOURNAL INTIME

DU MOIS DE JUILLET AU MOIS D'OCTOBRE.

Nous transcrivons au hasard :

« 4 juillet. — Après de vaines tentatives, je suis enfin parvenu à susciter une rencontre entre M. le duc et la célèbre personne connue sous le nom de chevalière ou chevalier d'Eon. La chevalière avait une robe à la circassienne, relevée par des nœuds de perle ; elle portait à la main un bouquet de fleurs qu'elle a jeté nonchalamment au moment du combat. M. le duc en a été quitte pour un coup d'épée à l'épaule gauche.

» 7 juillet. — Fait conduire M. le duc dans une voiture escortée et fermée, chez les trappistes du couvent de la Meilleraye. M. le duc y est resté trois jours, et on est parti le quatrième, emmenant avec lui deux frères qu'il était parvenu à détourner de la voie pieuse.

» 20 juillet. — Pendu M. le duc pour la première fois.

» 1er août. — Procuré à M. le duc, pendant la nuit, des visions enchanteresses en matière de songe. Le ciel de son lit s'est ouvert par un mécanisme ingénieux, et a laissé voir à ses regards un ciel véritable, bleu, rose et étincelant, peuplé de personnages animés, rempli de chants d'oiseaux et parfumé des odeurs les plus divines. Une nymphe s'est détachée, en effeuillant des roses jusqu'à ce que le lit s'en trouvât couvert. Alors, par des teintes et des gradations presque insensibles, les nuages ont pâli, les étoiles ont fermé l'œil, et nymphes, fleurs, oiseaux, tout a disparu.

» Premier lundi d'août. Visite à madame Pleuret, rue des Deux-Ecus. L'industrie de cette femme est originale et nouvelle. C'est la directrice des Ressembleuses. Elle cherche partout les filles qui ressemblent aux plus belles femmes de la cour et de la ville. Elle les habille comme elles, leur fait affecter le même son de voix, adopter les mêmes tournures de phrases, les mêmes mots favoris. L'illusion est complète autant que possible. Rien n'égale en ce genre l'habileté de madame Pleuret, qui est riche et qui fait son métier en grand; c'est une artiste véritable. Elle a ainsi vendu en effigie les beautés les plus considérables du royaume, la reine, la duchesse de Polignac et plusieurs autres. Tous les Ixions, amoureux des nuages peints, abondent chez elle. Madame Pleuret est en relation suivie avec les femmes de chambre et les laquais de grande maison ; par conséquent elle se charge de fournir à toutes les commandes et cela dans le plus bref délai.

» Demandé pour M. le duc la princesse de L***.

» Pris note par madame Pleuret de cette fourniture, et renvoyé à quinze jours.

» 19 août. — Pendu M. le duc, pour la deuxième fois.

» 3 septembre. — M. le duc s'est réveillé ce matin sur l'arête du toit de la Sainte-Chapelle, où je l'avais fait lier solidement.

» Il a d'abord manifesté quelque surprise en se voyant dans le ciel, puis il a crié; mais comme le temps était fort beau et que cinq heures venaient à peine de sonner, il a fini par prendre tranquillement son parti et par se rendormir. Une heure après, sa respiration était mesurée et douce comme celle d'un enfant.

» 6 septembre. — Donné à M. le duc une fête mythologique, d'après les plus célèbres écrivains de l'antiquité. Au point du jour, M. le duc s'est trouvé sur un rivage inconnu; une robe de laine blanche couvrait son corps; ses pieds reposaient sur des sandales.

» Avant qu'il ait eu le temps de se rendre compte de sa situation, une barque conduite par un vieillard à la barbe neigeuse, s'est dirigée vers lui.

» Qui est tu? lui a demandé M. le duc.

» Je suis le fils de la nuit et de l'Erèbe, je suis Caron.

» La barque dans laquelle était entré M. le duc a lentement silonné les eaux, pendant que plusieurs ombres, nageant vers elle, s'épuisaient en efforts désespérés pour se cramponner à ses bords. Le nocher s'est montré impitoyable et les a repoussées maintes fois de l'aviron...

» Ensuite on a traversé le Tartare, qui était représenté dans toute son horreur : ténèbres souterraines, bruits de chaînes, grands brasiers vomissants, sanglots et figures tordues, corps calcinés, rochers couverts de cendre rouge, abîme de couleuvres, roues tournantes, marais infectes, blasphèmes et gémissements sans fin.

» Un démon guidait M. le duc dans ce labyrinthe effroyable, et le trio des Furies agitait ses torches pétillantes en le précédant.

» M. le duc, qui était demeuré froid jusqu'alors, a paru goûter quelque agrément en se trouvant tout à coup dans les Champs-Élyséens.

» Un vent mélodieux comme le dernier soupir d'une flûte circulait sous les bosquets en fleurs d'un jardin à perte de vue. Il y avait des groupes d'hommes qui étaient assis sur le gazon : ils portaient la tunique aux manches courtes et étaient couronnés, les uns de violettes, les autres de narcisses mêlés au lierre.

M. le duc s'est approché d'eux en les interrogeant. C'étaient Laërte, Platon le grand, Ménandre, Arétin, Philibert Delorme et le léger Hamilton; leur conversation l'a surpris et intéressé au dernier point; et il ne serait pas du tout impossible que M. le duc eût pu se croire, du moins pendant quelques minutes, retranché pour tout de bon du nombre des vivants.

» Un banquet, auquel les sept sages de la Grèce sont venus le prier gracieusement, a continué l'illusion, en imprimant toutefois une direction plus humaine à ses plaisirs.

Les vins dorés de l'Archipel ont abondamment coulé dans les coupes d'argent, d'onyx et d'or; les parfums asiatiques ont brûlé sur des trépieds, et des joueurs d'instruments cachés dans le feuillage ont enivré les convives de riantes harmonies. Hamilton et Laërte sont tombés sous la table.

» La fête s'est terminée par un ballet

général, auquel est venue s'adjoindre la société de madame de Lauraguais (qui avait prêté son parc à cette mascarade), et la plupart des sujets de l'Opéra, déguisés tous, hommes et femmes, en égypans et en bacchantes.

» 8 septembre. — Pendu M. le duc pour la troisième fois. »

Christine et Trois-Mai s'étaient arrêtées après ce passage; leurs yeux se levèrent et se rencontrèrent pour échanger une expression d'étonnement.

En effet, ce journal devait leur paraître

bizarre : quelles folies ! quels plaisirs ! çà et là, il est vrai, une couleur douteuse ou une gouttelette de sang. Mais pouvaient-elles croire à la réalité de ces récits, tout au plus comparables à ceux de M. Galland ?

— Allons ! c'est un roman que fait ton mari, dit Trois-Mai.

— Tu crois ?

Christine était pensive.

— Comment veux-tu qu'il en soit autrement ?

Ce réveil sur un toit, cette barque à Caron et ce refrain d'un pendu ?

— Je t'ai dit Trois-Mai, que mon mari était l'agent de M. le duc de Noyal-Trefléan. Cet écrit nous indique la nature de ses rapports avec ce grand seigneur.

— Mais, Christine, songe donc à tout ce qu'il y a d'extraordinaire dans ce que nous venons de lire.

— J'avoue que cela dépasse mon intelligence.

— Voyons plus loin, dit Trois-Mai.

— Tu as raison.

Elles reprirent leur lecture après avoir tourné plusieurs feuillets.

« 10 septembre. — Avoir jeté M. le duc dans la Seine et l'avoir servi comme un poisson au souper de M. Grimod de la Reynière, où il n'a repris ses sens qu'au moment d'être mangé par les convives. »

— Quel duc original! dit Trois-Mai.

Christine continua :

« 14 septembre. — Visite au docteur Palmézeaux... »

— Le docteur Palmézeaux ! s'écria la jeune fille.

— Tu le connais ?

— C'était mon protecteur à l'hospice, mon ami. Oh ! voyons ! voyons !

— Les révélations du docteur m'ont appris un important secret, au sujet de cette jeune fille que M. le duc avait fait jeter hier soir dans Paris, seule, sans pain, sans argent et que j'ai fait conduire chez ma femme... »

Christine se tut et se tourna vers Trois-Mai.

— C'est de moi qu'il s'agit, dit celle-ci en frémissant malgré elle.

La main de Christine saisit celle de l'enfant.

— C'est de nous, dit-elle; ce qui te regarde me regarde, et ce qui te frappe me frappe aussi.

Mais une pâleur subite avait remplacé sur les joues de Trois-Mai les vives couleurs qu'y avait versées sa gaieté d'auparavant.

— Moi j'étais sous la puissance de ce duc! pensait-elle épouvantée comme si elle eût senti une couleuvre dans son sein.

— Comment se fait-il ?

— Vois donc encore, je t'en supplie.

« Le parti que je peux tirer de cette découverte, lut Christine, est immense et équivaut à une fortune. Je dois cacher avec soin le secret de la naissance de Trois-Mai... jusqu'au jour où... »

Elle s'interrompit pour porter la main à son cœur qui défaillait.

— Lis donc, murmura la jeune fille avec anxiété.

Mais le livre tremblait tellement entre les doigts de Christine qu'à son tour elle fut obligée de le prendre.

Un intérêt puissant lui serrait l'âme, elle ne respirait plus.

Encore une ligne, et elle allait savoir quel lien existait entre elle et ce grand seigneur qui semblait s'être délecté de ses misères.

Encore une ligne, et elle allait savoir

si elle devait être fière ou honteuse de son origine, si elle devait relever la tête ou l'incliner davantage.

Elle cherchait cette ligne, lorsque tout à coup la porte de la chambre s'ouvrit et François Soleil apparut sur le seuil.

Il s'arrêta immobile.

À la vue de ces deux femmes serrées l'une contre l'autre, frissonnantes et dévorant d'un œil effaré les pages de son infâme manuscrit, il comprit tout.

Sa face blanchit, ses nerfs tressaillirent.

D'un bond il s'élança vers l'endroit où Christine et Trois-Mai étaient assises.

— Malheureuses ! cria-t-il.

Et sautant de ses deux mains sur le cahier révélateur, il le ressaisit avec rage et l'enfouit dans sa poitrine.

Les deux jeunes femmes se rejetèrent sur leurs chaises, pâles et agitées d'une inexprimable terreur.

Le saisissement les avaient rendues muettes.

— Sortez ! dit-il à Trois-Mai après un instant de silence effrayant pour tous les trois.

Puis, comme la pauvre fille ne remuait pas plus que si elle eût été de pierre, il la prit par la main et la conduisit jusqu'à la chambre voisine dont il ferma la porte au verrou.

Il revint devant sa femme.

Ce qu'il éprouvait alors, nul langage humain ne saurait l'exprimer ; c'était de la honte, de la confusion, de la crainte et du désespoir.

Aux yeux de Christine il sentait qu'il n'était plus qu'un monstre maintenant, que tout amour lui était désormais fermé, tout respect impossible.

Le hasard lui avait arraché son masque, et la laideur de son âme apparaissait entière.

Ses dents se choquaient.

Il avait froid.

On eût dit la colère décontenancée d'un serpent dont un coup de pioche vient d'exposer au grand jour le ténébreux retrait.

Enfin il balbutia :

— Avez-vous... tout... lu ?

— Non, répondit faiblement Christine, qui n'osait le regarder en face.

— Avez-vous lu ce qui concerne Trois-Mai ? demanda-t-il encore.

— J'allais tout apprendre lorsque vous êtes entré.

Il respira.

— Ainsi vous ne savez rien sur elle, sur sa naissance ?

— Rien.

François Soleil fit deux ou trois fois le tour de la chambre. Au dernier tour il s'arrêta : sa femme fondait en larmes.

Il prit une chaise et s'assit dans un coin, sans mot dire, comme pour laisser à cette douleur le temps de se passer. Ainsi font les hommes.

Quand il crut le moment venu :

— Christine ! dit-il doucement, Chris-ne !

Pas un souffle, pas un geste.

Il se leva et chercha à lui prendre la main.

A ce contact inattendu elle palpita; une horreur involontaire s'empara d'elle et sa tête se redressa.

François Soleil recula par un mouvement machinal et honteux. Il venait de lire sa condamnation dans un regard de sa femme.

Aussitôt la brutalité rentra chez lui, en même temps que la nette perception de son infamie. Le sang lui arriva aux yeux, et il donna un grand coup de poing sur la table.

— Pardieu! je vous trouve bien imprudente et bien hardie de vous mêler de mes affaires. Qui vous a donné ce droit de fouiller ainsi dans mes actions, et de chercher à pénétrer ma conduite? Pourquoi profiter de mon absence? Ai-je jamais refusé de répondre à vos questions, et ne pouviez-vous me demander ce que vous teniez tant à savoir? Mais non, non! il vous fallait la ruse et la désobéissance. Vous savez tout, à présent. Eh bien! en êtes-vous plus avancée?

A mesure qu'il parlait, son débit devenait précipité; il se familiairisait avec son courroux.

— Vous vous trouviez trop heureuse comme cela, n'est-il pas vrai? La tranquillité vous pesait sans doute. Il est des femmes qui préfèrent le malheur au repos. A présent, vous n'avez plus rien à désirer, vous êtes satisfaite; vous avez de quoi pleurer, c'est une occupation. Ah! vous voilà bien toutes, machines à sensibilité, toujours en quête d'un motif de douleur! Il faut que votre cœur mange incessamment, qu'il ait, comme votre corps, sa pâture quotidienne ; et lorsque vous avez passé un jour sans lui donner un soupçon, ou une inquiétude, ou un projet à dévorer, vous vous croyez mortes ou perdues!

Il la regarda.

— Mais parlez donc au moins! dites donc quelque chose! cherchez donc à vous défendre ou à vous excuser.

Au lieu de lui répondre, Christine, dont les yeux avaient séché à ces paroles, se leva d'un pas ferme.

— Où allez-vous? dit-il en se mettant devant elle.

— Je m'en vais.

— Christine!

— Je ne peux plus vivre ici; je veux partir avec Trois-Mai.

— Christine !

— Vous m'avez trompée indignement, et je me déshonorerais en restant un instant de plus.

François Soleil était hagard; il passa deux fois la main sur son front, comme pour rappeler une idée, une phrase, un mot.

— Ecoutez-moi... murmura-t-il.

Sa femme, ayant levé les yeux sur lui, en eut pitié.

Elle l'écouta.

— Vous me haïssez donc bien? demanda-t-il presque en tremblant.

— Je ne vous aime plus.

Il chancela comme s'il eût reçu un coup de couteau, et il étouffa un gémissement.

— En vous épousant, continua Christine, j'avais cru épouser un honnête homme ; vous avez abusé mon père, vous m'avez abusée ; il ne doit plus y avoir rien de commun entre nous.

— Un... honnête homme ! répéta répéta François Soleil qui se redressa à ce mot ; et qui vous dit que je pouvais être un honnête homme ? Qu'en savez-vous ? Croyez-vous que c'est toujours par plaisir qu'on se fait lâche ou coquin ? Qui vous dit que je n'ai pas essayé d'être un honnête homme et que la fatalité ne s'est pas mise en travers de mes bonnes intentions ? Non, je ne pouvais pas être un honnête homme, je ne pouvais pas ! je ne pouvais pas ! entendez-vous ?

Christine hocha la tête incrédulement.

— Ah! vous ne me croyez pas! Il vous paraît que l'honnêteté est une chose naturelle, parce que vous l'avez trouvée en vous, au matin de votre vie, et que personne ne l'a empêchée de croître. Cela ne vous a rien coûté et vous croyez que cela ne coûte rien aux autres. Allez, mon vice est plus à plaindre que votre vertu n'est à louer. Vous n'avez pas eu d'efforts à faire, vous, pour être aimante et bonne ; nul n'a jamais empêché votre sourire ; à peine venue au monde, quelqu'un vous a prise sur ses genoux en vous faisant sauter; vous appartenez à cette nature de filles du peuple, issues de pères laborieux et de mères respectables. Pourquoi donc n'auriez-vous pas été honnête?

« Et moi, pourquoi l'aurais-je été? Je suis né au plus bas de l'échelle humaine, dans la boue, par hasard, accueilli comme un fardeau, délaissé comme un rebut. Au moins, vous, Christine, vous avez eu autrefois quelques journées de bonheur, lorsque vous étiez petite. Mais, moi, je n'ai eu ni enfance, ni jeunesse. Ma mère était méprisable, et j'avais beau faire je ne pouvais pas l'aimer; d'un regard elle me faisait rentrer toute ma tendresse au ventre. Un soir que j'étais affamé de tendresse, j'essayai de l'embrasser pendant qu'elle dormait; elle se réveilla, et s'armant de l'âme d'un balai neuf, elle me mit tout le corps en sang. Voilà ce que c'était que ma mère. Allez donc chercher de la graine d'honnête homme parmi ceux que l'on élève ainsi ! La pensée ne m'est venue que par la souffrance. Au moins, vous, il vous revient quelquefois sur la figure, ne fût-ce que lorsque vous dormez, il vous revient d'anciens sourires; je vous en ai vu.

« Mais moi mes sourcils sont restés froncés depuis ma naissance : le cri perpétuel a déformé ma bouche et fendu mes lèvres ; mes joues ont pâli sous les soufflets ; et sous les pleurs. Et puis, quelle éducation m'a-t-on donnée ? quels principes ai-je reçus ? quels exemples m'a-t-on dit de suivre ? Je n'ai jamais rencontré que des gens grossiers, imbéciles et criminels. Si le ciel voulait faire de moi un honnête homme, il fallait qu'il s'y prît autrement, car il est des hommes comme des fruits qui pourrissent à côté des mauvais. J'ai eu tous les bons instincts et tous les bons instincts ont été tués en moi, un à un jusqu'au dernier. Personne n'a voulu plus fermement que moi l'honnêteté. soyez-en certaine, Christine, et personne plus que moi n'en a été incessamment détourné comme par un bras de fer. J'ai du courage pourtant, un courage atroce. Mais entendez donc incessamment le chant des bourses d'or secouées à vos oreilles ! Essayez donc de dormir sur un grabat gonflé de tentations infâmes ! J'ai cédé, mais au dernier moment, mais après avoir défendu le terrain pied à pied, acculé contre la mort. »

Cette fois, Christine l'écoutait attentivement, mais elle ne le comprenait pas ou elle ne voulait pas le comprendre. Si devant elle, quelque chose pouvait plaider pour lui, c'était son accent plutôt que ses paroles, c'était son visage plaintif, c'était son geste amer.

Elle ne bougeait pas.

— Allons, Christine, reviens à la raison, essaya-t-il de dire ; il ne faut pas t'affecter comme cela. Demain tu n'y penseras plus. Les meilleurs ménages ont leurs mauvais jours.

Et il fit un effort pour sourire gaiement.

— J'ai eu le tort de te parler trop haut ; une autre fois je me contiendrai mieux ;

ce n'est que le premier mouvement. J'espère que tu ne m'en garderas pas rancune. Tiens, rends-moi la clef, afin que je serre ce cahier qui a été la cause de notre querelle.

Christine fouilla dans sa poche et tendit la clef.

Il la prit.

Son regard tâcha de surprendre le sien, mais vainement.

Il alla droit au coffre, devant lequel il fut obligé de s'agenouiller pour l'ouvrir.

Pendant cette opération, Christine s'écria soudainement en cachant sa figure :

— Oh ! c'est un métier abominable !

— Je le sais bien, dit-il sans se retourner, mais je n'ai pas pu en trouver d'autre.

— Vous n'avez donc pas d'âme ?

— Plût au ciel que je pusse dire non !

Le coffre était fermé ; il se releva.

— Eh bien ! si vous voulez me le prouver, reprit-elle, laissez-moi partir avec Trois-Mai.

— Encore !

— C'est la seul grâce que je vous demande.

— Où irez-vous ?

— Je l'ignore mais qu'importe !.....
François... je vous en prie...

—Eh bien ! non, s'écria-t-il impétueusement, vous ne partirez pas, je ne le veux pas. Vous êtes mon bien et ma chose. Pourquoi vous ai-je prise, après tout? ce n'est pas pour votre plaisir, c'est pour le mien. Vous ne partirez pas.

— O mon Dieu! murmura Christine.

— Vous m'êtes nécessaire; j'ai besoin de vous voir, de vous parler. Tant pis si cela vous déplaît. Vous savez bien que je n'ai que vous au monde. Je me suis habitué à votre visage, à votre voix si douce, à votre manière de parler, de sourire, de marcher, à tout ce qui est vous enfin. J'aime jusqu'à vos pleurs et à vos plaintes. Moitié de ma chair, vous devez souffrir ce que je souffre, saigner là où je saigne, tomber là où je tombe. Appelez-moi démon, je le veux bien ; mais si démon que je sois, j'ai besoin chaque jour de ma part de paradis : il me la faut, dussé-je la prendre de force, car il est trop clair que je ne l'aurai pas dans l'autre monde.

—Oh ! taisez-vous, taisez-vous....

— Il me faut votre bonté et votre douceur après une journée de crime et de honte. Au bout de mon désespoir, il me faut votre radieuse insouciance et votre tranquilité d'âme. Mes vices cherchent vos vertus. Est-ce vous que j'aime, ou plutôt est ce moi que j'aime à travers vous? Je n'en sais rien. Toutefois est-il que vous ne pouvez pas partir et que vous ne partirez pas.

— De grâce!

— Non; les démons ne laissent pas ainsi s'envoler les anges d'entre leurs mains.

— Vous me tuerez donc? demanda Christine.

— Je vous emprisonnerai pour mieux vous adorer à mon aise! répondit François Soleil.

— Ah! je suis damnée ! s'écria la pauvre femme en se laissant tomber sur une chaise.

— Non. Mais vous tâcherez de vous habituer à moi, tel que je suis et tel que vous me connaissez maintenant. Si c'est un sacrifice, eh bien ! vous en serez bénie et récompensée plus tard. Ne soyez pas désolante et inflexible, Christine. Peut-être auprès de vous deviendrai-je meilleur, peut-être Dieu permettra-t-il...

— Ne parlez pas de Dieu.

— C'est vrai; Dieu n'a rien à faire ici,

j'en parlais seulement pour te faire plaisir ; mon Dieu, c'est toi, rien que toi. Ne t'en va pas, je t'en conjure.

Et les deux seules larmes que cet homme eût jamais répandues apparurent au bord de ses paupières.

Après un moment de silence :

— Christine, quel mal t'ai-je fait? Quelle peine sérieuse t'ai-je causée ? Mon cœur a-t-il été pour toi celui d'un malhonnête homme? Hélas! hélas! aux jours les plus horribles de ma destinée, j'ai su trouver pour toi des sourires de bonheur et d'amour. Que t'importent ce livre et les absurdités qu'il renferme ? Dis-moi suis-je quelquefois rentré ici avec du sang sur les vêtements ou sur les mains ? Tu sais bien que non... Ah! si j'ai été, par hasard, pâle et brusque, et frémissant, si ma voix ne t'a pas répondu, si mon œil est resté attaché à la terre sans sourciller, si de mon bras j'ai écarté ta caresse naïve, pardonne-moi, Christine, pardonne-moi! Mais ne t'en va; oh! reste! reste!

— Non, dit Christine, non.

— Reste! continua-t-il en joignant les mains, tu seras heureuse désormais, je ne serai plus ni brutal ni jaloux, tu sortiras quand tu voudras, à toute heure ; tes moindres désirs seront exaucés. Que veux-tu ? Que te faut-il ? Parle, est-ce de l'argent, beaucoup d'argent ? J'en ai ; tiens...

Il s'élança vers un secrétaire, mais sur un mouvement de dégoût de la jeune femme, il s'arrêta.

— Eh bien ! non, non, dit-il ; c'est vrai, je n'ai plus la tête à moi, je deviens fou. Christine ! aie pitié !

Il tomba sur ses deux genoux.

— Reste ! je ne te dirai plus rien, je ne

t'approcherai plus, je me tiendrai toujours à distance, comme à présent. Je ne serai plus ton mari, je serai ton laquais, ton esclave. Tu seras libre de me haïr et de me détester, mais, au moins, que je te voie, que je t'entende, que je respire l'air que tu respires !

— Non !

C'était décisif.

Elle fit en même temps un pas vers la chambre où Soleil avait enfermé Trois-Mai.

Lui, en un clin-d'œil il fut debout. Sa figure changea ou plutôt redevint ce qu'elle était un quart d'heure auparavant. Le feu de ses joues brûla ses larmes, et il n'en parut plus rien.

— D'un tour de bras, il ramena sa femme au milieu de l'appartement.

Une idée lui était venue, à lui, l'homme aux idées.

— Tu n'aimes donc pas Trois-Mai? dit-il.

— Quoi! s'écria Christine sans comprendre.

— Tu ne l'aimes donc pas? réponds.

— Hélas! c'est ma seule tendresse,

c'est mon unique amitié. Trois-Mai, c'est ma sœur, c'est presque ma fille ; moi, ne pas l'aimer !

Il la regardait fixement.

— Ah! s'écria-t-elle tout-à-coup comme frappée par un éclair ; je comprends : vous pouvez la perdre et vous la perdrez! vous la perdrez, n'est-ce pas ?

Il resta muet.

— Oh ! oui, je le devine à votre regard cruel, oui, vous êtes capable de tout, même de vous venger de moi sur elle. O lâcheté ! sur une enfant! Mais répondrez-vous, à votre tour ? La perdrez-vous, dites ?...

Elle attendait anxieuse, égarée, toute tremblante.

— Cela dépend de vous, dit-il froidement.

— De moi ?

— De vous, répéta-t-il.

Je resterai ! dit Christine...

CHAPITRE CINQUIÈME.

V.

L'agonie du XVIII° siècle. (*Suite.*)

La fenêtre d'Emile ouvrait sur les jardins de l'hôtel de Pervérie, qui s'étendaient dans la direction des Champs-Elysées, et qu'entourait un cordon de murailles dissimulées sous des escaliers verdoyants. Ces jardins, plantés à la manière anglaise, rivalisaient d'afféterie et de contre-sens avec les folies les plus célèbres, telles que : Bagatelle, Colifichet, Brinborion, l'Hermitage de M. le duc de Croy, le jardin de madame la princesse de Guéménée, à Montreuil, celui de M. le comte de Caramas, à Roissy, et tous ces autres jardins philosophiques dont les environs de Paris, et Paris lui-même étaient infestés depuis quelque temps.

On y voyait des charmilles, des bassins, des berceaux, des salons de gazon, des quiconces de roses, des pavillons et des volières. On y voyait des ruisseaux dont les cailloux formant le lit avaient été l'objet d'un choix scrupuleux, petits cailloux roses, bleus, blancs, nettoyés tous les matins avec une brosse. Ces ruisseaux serpentaient comme dans les églogues et faisaient entendre un doux murmure augmenté par des moyens artificiels.

Le conte d'Aline, reine de Golconde, avait mis à la mode, dans tous les jardins, les ponts de bois coquettement jetés sur les ruisseaux. Il y avait donc un pont dans le jardin de madame la marquise de Perverie, comme il y avait un temple de Saturne, comme il y avait aussi un ermitage ; car les ermites constituaient alors une série de faunes et de sylvains. Cette espèce de grotte moussue et ruinée au dehors, fermée par une porte branlante, était décorée à l'intérieur de meubles zinzolins avec des encadrements argentés et quelques petits sujets du peintre Pater.

Mais la grande curiosité de ce domaine, c'était le jardin hollandais en manière de caricature, dont il convient de donner un amusant aperçu.

Outre les pyramides de buis et les colonnes faites à coup de ciseaux, on y voyait des bassins d'écaille, des jets d'eau

en verre, des parterres jaunes et rouges.
Sur les branches des arbres étincelaient
une multitude d'oiseaux d'or.

Des vases de porcelaine et des magots
de couleur ardente faisaient la guerre aux
yeux dans tous les coins.

Il y avait autant de caisses de bois
peint que de vraies plantes.

Une partie du paysage représentait une
chasse entière : c'était le comble du mauvais goût prémédité. Le serf apparaissait
en haut de la cascade ; les chiens et les
hommes, qui semblaient le poursuivre,
étaient tout en perles et en coquillages ;

quelques-uns avaient des yeux de cornaline, des nez d'émeraude, des joues de topaze et des fronts d'agate.

Impossible d'être plus ridicule avec autant de richesse et de propreté.

Le reste retournait au pur Saint-Lambert, au pur Vatelet. Tous les Amours des bosquets avaient le doigt sur les lèvres; toutes les nymphes des charmilles souriaient sans savoir pourquoi. Cela faisait venir la musique de Grétry à la bouche. Le monstre qui avait imaginé ces gracieuses choses s'était bien gardé d'oublier un Moulin joli dans son horizon.

Il y avait des batelets qui conduisaient à des îles où abordaient à de petits rochers pointus, garnis de pétrifications et d'arborisations qui singeaient le sauvage et le naïf.

Maintenant, pourquoi la marquise de Perverie, qui était une femme sérieuse, donnait-elle dans ces erreurs de la mode? Mon Dieu, par la même raison que nous l'avons déjà vue parée en élégante outrée, parce que le brillant et le mignard faisaient partie de son siècle, et qu'elle se faisait ridicule pour ne pas paraître ridicule.

Si grotesquement mignon que fût ce

jardin, Emile l'aimait, d'abord parce qu'il n'en avait pas vu beaucoup d'autres, et ensuite parce qu'il avait su y découvrir des endroits oubliés, où l'herbe poussait comme chez elle et où les arbres jouaient au taillis.

Comme toutes les natures poétiques ou simplement nerveuses, la campagne l'agaçait, l'enivrait, le tourmentait; et si peu qu'il y eût d'atmosphère réellement agreste dans le jardin de la marquise, il aspirait ce peu avec la fougue passionnée que mettent les jeunes taureaux à se rouler dans les prés.

Il en savait les moindres détours, et il

en avait étudié les plus secrets ombrages,

afin de pouvoir s'y réfugier sûrement des heures entières, de grand matin ou de grand soir.

Et comme les valets ne sont pas en général très-portés sur l'amour du paysage et de la rêverie, il réussissait assez bien à se dérober à leurs yeux dans ses échappées fréquentes.

Emile ne dormit pas la nuit de l'aventure de la rue Contrescarpe. A chaque instant, il se représentait la marquise de Perverie telle qu'il l'avait vue, à onze heures, seule et déguisée.

La maison au guichet lui revenait aussi à la mémoire, et ces deux mots : « Théos et Vérité ! » bourdonnèrent toute la nuit à ses oreilles.

Quoi d'étonnant? Il était jeune et il entrevoyait un mystère.

Le lendemain il était descendu au petit jour dans le jardin.

Il en avait fait soigneusement le tour.

Puis ses regards et son attention s'étaient portés sur une porte, située à l'extrémité opposée de l'hôtel, à cent pas de la maison du jardinier.

Là, il s'était courbé...

Des traces de pas toutes fraîches se voyaient distinctement sur le sable. Il les suivit à travers les dédales du parc.

Mais arrivé dans la grande avenue, il se trouva face à face avec le jardinier, son râteau à la main, qui faisait disparaître les petites inégalités du sol, ce qui, par parenthèse, surprit désagréablement notre héros et coupa court à ses perquisitions.

Toutefois, il en savait assez.

C'était par cette porte que la marquise de Perverie était rentrée; c'était probablement par là qu'elle était sortie.

Maintenant où allait-elle ? Voilà ce qu'il ne cessait de se demander.

Interroger les domestiques était imprudent et sans doute inutile. Le jardinier avait tout son profit à se taire, ainsi que le portier, en admettant que ce dernier sût quelque chose.

Il pensa à son ami, le majordome Turpin, mais celui-ci était tout entier absorbé par l'étude de la philosophie et des belles-lettres, considérées dans leurs rapports avec la politique.

Néanmoins, Emile essaya de lui faire quelques questions et de tirer de lui quelques renseignements sur la marquise.

— Quelle est sa famille? demanda-t-il.

— Je l'ignore, répondit Turpin; aucun parent, oncle, beau-frère, ou cousin, ne s'est encore présenté à l'hôtel, que je sache.

— Mais ne sait-on rien de sa vie passée?

— Rien absolument.

— De sa jeunesse? de son mariage? de ses liaisons?

— Pas davantage.

— C'est étonnant.

— Pourquoi cela? dit le majordome; ce qui est un mystère pour nous, obscurs mortels, n'en est pas un peut-être aux yeux des grands qu'elle fréquente.

— Elle est donc bien en cour?

— Elle y obtient tout ce qu'elle demande.

— Et... demande-t-elle beaucoup?

— Oh! oh! mon jeune ami, dit Turpin étonné, d'où vous vient cette curiosité insolite?

Quel motif secret vous porte à vous enquérir si obstinément des faits et gestes de madame la marquise?

— Aucun, répondit Emile; je voulais savoir, voilà tout.

Et il ne sut rien.

Quelques jours se passèrent ainsi, pendant lesquels le jeune valet essaya de chasser de sa mémoire un incident tombé dans son cœur, comme une pierre dans un étang pour en faire monter les agitations à la surface.

Il réunit tous ses efforts pour ne plus s'occuper de ses actions; mais, en dépit de ses projets, chaque soir, chaque nuit, sa fenêtre restait ouverte, et lui, restait à sa fenêtre, les yeux fixés sur le jardin.

Pourtant il ne faudrait pas croire qu'il eût totalement oublié Trois-Mai, cette douce figure si rapidement disparue. Ce n'était pas la conscience de sa folie qui lui manquait.

Il se rappelait les traits célestement nobles de la jeune fille, son chaste abandon, ses paroles naïves et tendres avec innocence.

Il se rappelait aussi l'amour que tous les deux s'étaient juré, en une heure de sincérité mutuelle, et, évoquant cet amour si beau, si pur, si haut placé, si calme, il se disait, en penchant la tête et avec un sûr instinct de divination :

— Le bonheur est là!

Mais à son âge, à l'âge d'Emile, qui est-ce qui veut du bonheur?

Ne préfère-t-on pas mille fois les tempêtes et leurs curiosités?

Le bonheur vous effraye presque, tant il vous paraît facile et commun, sans accidents d'horizon, paysage monotone et prévu comme l'île de Calypso, bordé comme elle par le gazon d'un éternel printemps.

Nul ne sera donc étonné des deux amours qui remplissaient le cœur d'Emile, et qui se le disputaient de bonne foi. A dix-sept ans, on n'y regarde pas de si près, et l'on n'est pas si exclusif comme plus tard, lorsque la science de la vie se dévoile graduellement et que les rêves se dépeuplent de riants fantômes. Son exaltation devait le mener inévitablement et tout droit à l'amour impossible.

Plus je les refeuillette, plus je considère les romans de chevalerie comme des allégories et des apologues; leur transparence est aisée à percer.

Pour moi, rien de sérieux comme ces

écervelés en quête de géants, de dragons,
de tours pleines d'enchantements; je sais
bien qu'au bout de tout cela il y a une
princesse à délivrer, un genou à mettre
en terre et un ruban à recevoir des mains
de *la beauté*; mais, par une fatalité scep-
tique, je ne puis m'empêcher de consi-
dérer cet amour comme un prétexte au
déploiement de leurs forces, comme un
motif à l'exercice de leur valeur. C'est la
course à la chimère, qui tient tous les
hommes au commencement de la vie.
Supprimez le dragon aux griffes d'airain,
faites que le géant vous salue et se range
pour vous laisser passer; ouvrez les portes de la tour, placez la princesse sur le

seuil, en robe de noce, son père à côté et le notaire derrière, évidemment le chevalier rebroussera chemin et sentira fondre tout son amour.

Il en était un peu de même pour Emile dans l'hôtel enchanté de madame de Perverié.

S'il aimait la marquise, c'était surtout pour l'audace qu'il y avait à l'aimer. Une héroïne de Romancie ne lui semblait pas plus qu'elle environnée de périls et de surprise.

La noblesse, c'était le géant; la fortune c'était le dragon.

A cet âge aussi, c'est à peine explicable, on aime l'amour dans lequel il entre un peu de haine, l'amour qui a l'air d'une vengeance.

Nous avons emprunté cela aux Espagnols, si tristes quand ils ne sont pas féroces, et qui deviennent poitrinaires dès qu'ils n'ont plus d'ennemis.

A leur exemple, mon héros ne pouvait pas penser à la marquise sans froncer le sourcil et serrer le poing.

Loin de laisser sa trace lorsqu'elle avait passé, il se redressait, au contraire, plus superbement, comme s'il eût rougi de s'être montré un instant subjugué. Peut-être eût-il été capable, comme le poëte

Linière, de boire toute l'eau d'un bénitier où sa maîtresse aurait trempé le bout du doigt; mais, à coup sûr, il eût massacré celui qui aurait été témoin, par hasard, de cette ridicule sublimité.

Le hasard, qui affecte souvent de se mettre au service des projets audacieux, devait se trouver d'intelligence avec Emile, plus tôt qu'il ne le pensait. Avouons que le hasard est un galant homme et qu'il fait parfois bien les choses! Un jour, Emile rencontra madame la marquise de Perverie au détour du jardin, et il ne put si bien faire en s'inclinant, qu'il ne laissât tomber par terre un livre que dans son trouble il s'était efforcé de cacher d'abord.

La marquise regarda ce petit jeune homme et parut étonnée.

— Vous êtes de ma maison? lui demanda-t-elle.

Et sur sa réponse affirmative, elle le regarda de nouveau; puis elle parut rappeler ses souvenirs.

— Où vous ai je vu?

— Au souper de M. de la Reynière, madame la marquise, répondit-il en osant lever les yeux.

Elle sourit.

— J'y suis maintenant... En effet, *cet enfant* qui parla si haut à M. Noyal-Trefléan...

— C'était moi, madame la marquise.

Emile s'enhardissait, bien que sa voix trahît l'émotion dont son âme était pleine.

— Vous avez fait un acte de courage et d'honneur, lui dit-elle avec intérêt, et j'avais le désir de vous voir; que puis-je faire pour vous?

Il hésita, puis ses regards étant tombés

par hasard sur sa veste galonnée, il eut une de ces réponses heureuses qui sont parfois le commencement de la fortune d'un homme.

— M'ordonner de quitter la livrée, madame la marquise.

C'était hardi.

Aussi la marquise en reçut-elle un mouvement.

Elle se remit.

Lui était resté tremblant rouge, se demandant tout ce qu'il allait devenir de sa témérité, mais ne la regrettant point.

— Ramassez votre livre, lui dit-elle doucement après une minute silencieuse.

Il le ramassa.

Elle le prit et l'ouvrit.

— Les *Satires de Gilbert*, lut-elle.

Un second sourire se présenta sur ses lèvres.

— C'est bien ; puisque vous aimez lire, vous serez mon lecteur.

Mais après cela, elle redevint sérieuse, regardant le livre qu'elle avait à la main.

— Gilbert ! murmura-t-elle, oui, celui

là fut un des rares indignés du dix-huitième siècle ; il eut le courage au moins s'il n'eut pas la force... Vous avez raison d'aimer Gilbert, pour un fils de paysan il a bien fait son œuvre ; il a crié dans un temps où tout le monde chante, et si faible qu'ait été sa voix, du moins a-t-elle été entendue de quelques-uns. Aimez Gilbert et lisez-le-moi souvent, car c'était le seul poëte de cette époque et le seul homme de cœur... Il n'a transigé ni avec la philosophie ni avec le luxe, et je ne sais rien de plus grand que sa mort solitaire sur un lit d'hospice, à l'heure où le poëte Bernis, autrefois paysan comme lui, aiguisait peut-être une épître amoureuse sous son chapeau de cardinal infâme !

Elle lui rendit le livre.

Emile la regarda s'éloigner sans mot dire.

Longtemps il resta à la même place, éperdu, et la figure éclairée par ce grand peintre qu'on nomme le bonheur.

Puis, lorsque peu à peu le calme se fut fait en lui, il chercha à se rappeler les moindres détails de cette scène, les paroles de la marquise et leur douce inflexion, ses gestes tranquilles et nobles, son regard et ses deux sourires !

Ah! cet enfant avait raison de retenir ainsi sa jeunesse au passage et de se laisser aller longtemps à sa rêverie! Il avait raison de noter ainsi chaque sensation et de la graver bien avant dans le cœur, afin de s'en souvenir un jour profondément.

Regarde, écoute, pleure, tourmente-toi, fais bien provision de lambeaux de paroles, d'espérances craintives et de soupçons enchanteurs!

Amasse, amasse pour l'hiver de la vie. Une feuille conservée verte dans un livre nous rend quelquefois le parfum entier de toute une charmille.

Tu ne sais pas, enfant, le prix divin de ces choses délicieuses et si enviées ; tu ne sais pas qu'un jour ta mémoire s'évertuera avidement et mélancoliquement à reconstruire heure par heure, minute par minute, tout ce passé ravissant et fou, échaffaudage téméraire, palais brillant élevé par les fées de l'adolescence, de l'illusion et de l'amour !

Emile ne doutait plus qu'il n'arrivât à tout, maintenant que la marquise de Perverie lui avait ouvert les portes de l'ambition. Le lendemain le majordome Turpin vint lui apporter un habit et une culotte noirs de fort bon goût.

Puis il lui dit, car le digne personnage ne laissait jamais échapper l'occasion de faire scintiller la verroterie de son intelligence :

— Je vois avec plaisir que la Fortune, cette déesse aveugle et capricieuse, que les anciens représentent debout sur une roue, a secoué dans votre chemin sa corne d'abondance. Recevez en mes félicitations. A partir de ce jour, vous n'êtes plus un valet, vous êtes un homme libre!

Il enfla ses joues.

— Oui, libre ! murmura Emile, grâce à elle.

— Savez-vous ce que c'est qu'un *homme libre?* continua le majordome.

— Mais... articula l'autre avec quelque embarras.

— Eh bien! l'homme libre, c'est celui qui, *dégagé des préjugés, ne courbant plus sa tête sous le joug du despotisme, se voit rendu à lui-même, et marche dans la voie souveraine de l'équité, sous le phare vivifiant de la raison!*

Ici je me permets une réflexion. Cette absence de franchise dans l'aveu des attractions spontanées, est-ce un mal ou un bien social?

Pourquoi ces sympathies nées du hasard et que le hasard brise?

Que de fois au détour d'une rue, sur le pas d'une allée, derrière les vitres d'un magasin, au bal, dans une voiture publique, que de fois n'ai-je pas rencontré la femme de mon rêve, celle qui m'eût compris, la fiction toujours poursuivie ! Lui tendre les bras et lui dire : Vous m'appartenez ! cela eût été possible. Pourquoi ne l'ai-je pas fait? pourquoi ne le fait-on jamais ?

La femme s'enfonce dans les dédales de la rue obscure, en vous laissant immobile et hésitant; ou bien elle descend de l'omnibus et vous la regardez sans la suivre; ou bien elle reste dans son magasin, et vous ne pouvez pas vous décider à en franchir la porte. Pourtant vous vous dites : le bonheur est peut-être là, je n'ai qu'à avancer la main pour m'en emparer.

De son côté, la femme fait peut-être le même rêve.

Et cependant vous passez à côté l'un de l'autre sans ouvrir la bouche; une fatalité vous pousse chacun de votre côté. Vous ne vous reverrez jamais et vous étiez faits pour vivre ensemble, vous étiez les semblables, il n'y avait qu'à vouloir.

Cela ne s'applique pas à Emile, on le sent bien. La marquise de Perverie le tenait à distance par son mutisme et sa préoccupation éternelle.

Une fois il essaya de lui lire la Nouvelle Héloïse ; le premier jour elle n'y prit pas garde, mais le second quelques phrases arrivèrent à son oreille. La voix d'Emile tremblait, son œil était chargé de feu. Elle le regarda avec surprise, et après deux minutes, elle lui dit d'un ton bref :

— Changez de livre.

La marquise de Perverie recevait une fois par semaine.

Il venait chez elle les personnages les plus divers en humeur et en réputation : des savants, des gentilshommes, des étrangers.

Elle accueillait tout le monde avec affabilité et grandeur, et tout le monde se trouvait à l'aise chez elle.

Le mulâtre Saint-George venait quelquefois jouer du violon et Verdoni de la mandoline.

Le grand athée de Lalande discutait avec le docteur Vicq d'Azir et lui soutenait sérieusement que la terre est un animal.

Condorcet, l'insolent et brouillon la Harpe, le chétif abbé Delille, animaient ces réunions tantôt par leurs discours, et tantôt par leur seule présence.

Chacun paraissait admirer et honorer la marquise.

On vantait son esprit, on se courbait devant sa distinction, on la citait parmi les deux ou trois femmes supérieures de son temps.

Puis aussi c'étaient des traits de bienfaisance qui circulaient à voix basse, une bonne action découverte, toutes choses qui arrêtent la raillerie au bord des lèvres et qui la détournent du cœur.

Malgré ce qu'il voyait, ce qu'il entendait et ce qu'il découvrait, Emile (c'était un esprit rétif) n'oubliait pas l'épisode de la rue Contrescarpe, et y rattachait tous ses mauvais doutes.

Il ne perdait pas une seule occasion d'épier la marquise; néanmoins ses recherches n'avaient encore abouti à aucun résultat, et cette énigme menaçait de rester longtemps sous clef, lorsqu'un événement imprévu vint jeter une lueur nouvelle sur cette partie obscure de notre récit.

CHAPITRE SIXIÈME.

VI.

L'agonie du XVIIIe siècle. (*Suite.*)

— M. de Robespierre, vous êtes galant.

— Est-ce un reproche de votre part, madame la marquise ?

— Peut-être. Un homme aussi sérieux que vous, un avocat au parlement...

— Bon ! vous oubliez aussi que je suis académicien !

— Académicien ?

— Certainement, membre de l'académie d'Arras, une vraie académie, je vous prie de le croire.

— En vérité !

— Si je suis avocat, c'est par condescendance, ou plutôt, madame, car je ne veux rien vous cacher de ma pensée, c'est parce que je crois l'heure du barreau venue ou du moins bien près de venir.

— L'heure du barreau ?

— Pourquoi pas? Sous la régence, nous avons eu le règne des femmes; sous Louis XV, le règne des philosophes. Pourquoi n'aurions-nous pas, sous Louis XVI, le règne des avocats?

Ces mots étaient échangés le long d'une charmille du jardin entre madame la marquise de Perverie et un jeune homme du plus élégant extérieur.

Il pouvait être une heure ou deux de l'après-midi.

Le temps était beau, quoique l'on approchât de la fin d'octobre, et le soleil donnait une de ses dernières représentations.

En face de cette molle et blanche lumière, les feuilles regrettaient de s'être tant pressées de devenir jaunes, et les fleurs pâlies essayaient de se ressusciter.

La marquise était vêtue d'une longue gaule de mousseline qui traînait sur les gazons dépouillés. Elle tenait à la main un éventail.

Le jeune homme, ou plutôt M. de Robespierre, comme nous venons de l'entendre nommer, avait un habit couleur cheveux de la reine, c'est-à-dire un habit blond, ce qui était alors une nuance fort ingénieuse. Il portait des manchettes d'une finesse éblouissante, était irréprochablement coiffé et rejetait son cou en arrière, serré à l'excès dans sa cravate comme dans une espèce de carcan blanc. Il s'exprimait, du reste, avec recherche, pesait ses mots et prodiguait son sourire, aigu et frétillard comme une queue de couleuvre.

Il y avait un quart d'heure environ que cet entretien durait, lorsque Emile vint à passer par hasard à côté de la charmille.

Il s'arrêta au bruit des deux voix.

Une surtout, celle de M. de Robespierre, le frappa étrangement. Il crut se souvenir de l'avoir entendue quelque part.

Pour éclaircir ses doutes, il colla son œil aux interstices de la charmille.

M. de Robespierre tournait alors le dos.

Ne pouvant voir, Emile écouta.

— Ainsi donc, monsieur, disait la marquise, toutes les grandes dames devraient, selon vous, en bonne politique, faire la cour aux avocats?

— Je ne dis pas cela.

— Mais vous le pensez.

— Les systèmes les plus sérieux ont leurs conséquences galantes, objecta-t-il.

— Et vous êtes un homme à système ! répliqua la marquise en souriant.

— Votre esprit est si délicieusement enchâssé dans la raillerie, que, dussé-je en souffrir jusqu'au bout, je n'ai pas le courage de lui souhaiter une autre monture. Poursuivez donc, madame.

— C'est qu'aussi vous me surprenez avec votre façon de dire et de comprendre les choses.

Votre conversation a été cueillie dans les bosquets d'Amathonte, et je suis convaincue que vous cachez un volume d'Epicure sous les basques de votre habit.

— A quoi bon des volumes! répondit M. de Robespierre ; pourquoi vous étonner justement des choses les moins étonnantes? N'êtes-vous pas la vivante justification de mes métaphores, et ne parle-t-on pas de certains luths qui chantent d'eux-mêmes quand un souffle amoureux a passé sous leurs cordes?

— Mais vous voyez bien qu'il ne fait pas de vent.

— Tenez, madame, avec vos épigrammes, souvent je serais tenté de croire que vous n'avez jamais aimé.

La marquise fit un mouvement comme si ces paroles eussent éveillé en elle un souvenir funeste.

— Aimer! prononça-t-elle en secouant la tête, aimer!... Non, je n'aime plus... je ne peux plus aimer...

Il y eut quelqu'un, autre que M. de Robespierre, que ces mots-là allèrent frapper au cœur.

— Et d'ailleurs, reprit-elle, l'amour existe-t-il dans votre époque? Où l'avez-vous vu? où l'avez-vous rencontré? Etes-vous bien sûr que ce n'était pas l'orgueil déguisé ou la débauche couverte d'un masque? Non, je n'aime pas. A la cour il n'y a que des habits dorés, il n'y a pas d'hommes; il n'y a que des gilets de soie, il n'y a pas de cœurs. Cela ne vaut pas la peine de souffrir.

— La cour passe encore! dit M. de Robespierre qui était d'une famille de robins.

— Au théâtre, je n'aime pas. Le grand tragédien ne peut réussir à me déglacer l'âme, ni le grand comédien non plus. Quelquefois seulement il m'arrive de m'émouvoir pour l'idéal qu'ils représentent, mais eux, c'est à peine si je m'en inquiète.

J'aime pour un instant Damis, Orosmane,
Clitandre, Valère ou Lindor; mais Larive
et Molé, je ne les aime pas. Ce sont de
riches mannequins bien éclairés et bien
en vue; j'admire leurs pierreries, leurs
étoffes, leurs dentelles; je compte les
perles qui ceignent le front du sultan, je
m'extasie sur le travail précieux de ses
babouches; quand il tire son poignard, je
dis : « Certes, voilà un beau poignard! »
et je le regarde faire avec curiosité. J'é-
coute chanter l'âme du poëte qui est en
ces mannequins et qui les anime; je l'é-
coute avec délices. Mais voilà tout. Si
j'apprends que le poëte est vivant, mon
prestige s'envole.

— Vous êtes sévère, murmura M. de Robespierre.

— Je n'aime que les morts; parmi eux seulement je trouve mes types et mes modèles. Les beaux jeunes gens des portraits italiens me sourient, et je leur souris: ils sont nobles, magnifiques et intelligents; du fond de leur toile, me regardant bien en face, ils semblent me dire : « Nous eussions dû naître au même siècle. » Je vois aussi les héros du roman, qui de leurs volumes sautent dans mon boudoir et tombent à mes genoux. Desgrieux se désole en me baisant les mains, il pleure sur ma folie et je m'attendris avec lui comme une folle, comme une Manon.

Je cours les forêts avec les chevaliers de l'Arioste, ou bien, emporté par la fantaisie de Cervantes, je fais retentir les rochers du nom de Cardenio. Mais Cardenio et ses délires n'ont jamais existé que dans la tête et dans le cœur pleurant du romancier. Nouvelle Célimène, j'appelle en vain un second Alceste qui m'injurie et que j'aime ; Alceste est mort depuis longtemps au fond de son désert, mort avec son honneur tout entier et aussi avec son amour, pauvre grande âme tuée d'un coup d'éventail.

M. de Robespierre, qui apparemment ne se trouvait avoir rien de commun avec Alceste, ne répondit pas et se détourna pour chercher une pincée de tabac au fond d'une microscopique tabatière, sur laquelle un peintre en miniature avait représenté une scène d'Estelle et Némorin.

En ce moment Emile aperçut sa figure et reconnut en lui cet homme en habit vert, qui l'avait brusquement apostrophé dans la rue Contrescarpe.

Il redoubla d'attention, et se courba derrière un banc de la charmille, pour ne pas être aperçu à travers le feuillage clair-semé.

La marquise de Perverie était devenue rêveuse.

M. de Robespierre secouait sur son jabot les petits grains noirs de nicotiane qu'il y avait laissés tomber.

— Pourquoi ne vous a-t-on pas vu hier soir à l'Opéra ? demanda-t-elle enfin.

— Parce que c'était jour de séance aux *Rosati*.

— Les *Rosati* !

— Sans doute ; est-ce la première fois que vous en entendez parler ?

— Ma foi, je l'avoue.

— Vous ne connaissez pas non plus les *Philalèthes de Lille* ?

— Non.

— Ni la *Frérie blanche* de Guimgamp ?

— Encore moins.

— Eh bien ! les *Rosati* d'Arras, comme la *Frérie blanche* de Guimgamp, comme les *Philalèthes* de Lille, c'est...

— C'est ?...

— Oh ! mon Dieu, la plus innocente des choses : une réunion littéraire, une société poétique.

— Rien que poétique ? fit la marquise d'un air d'incrédulité.

— Rien que poétique.

— Et peut-on s'informer, sans risquer d'être indiscrète, des.... poëtes.... qui peuplent le sacré vallon des *Rosati ?*

— Mais.... répondit-il avec une légère teinte d'embarras, ce ne sont guère encore pour la plupart que des inconnus, des jeunes gens.

— Nommez-m'en quelques-uns.

— Les deux frères Carnot, d'abord.

— Je ne les connais pas.

— Puis des condisciples du collége Louis-le-Grand, Camille Desmoulins, Fréron....

— Le fils du folliculaire?

— Lui-même.

— Allons toujours, dit la marquise.

— Ensuite, des compagnons à moi, Cot, Rusé, et d'autres dont les noms ne me reviennent pas en ce moment. D'ailleurs, le siége de notre société, à proprement parler, se tient à Arras; à Paris, ce n'est qu'une succursale.

— Mais encore, à quoi s'occupe-t-on chez les *Rosati*?

— A quoi peuvent s'occuper des poëtes, si ce n'est à célébrer les Grâces et les nymphes, le Dieu du vin et la Déesse des amours, Apollon et Cupidon, Momus et Comus? Nous faisons des couplets, que nous chantons et que nous oublions ensuite.

— Vous faites des couplets?

— Et des madrigaux aussi, reprit-il en souriant.

— C'est étrange, dit la marquise avec un vrai sérieux, jamais je ne l'aurais cru de vous.

— Justement c'était hier le jour où j'ai dû, selon nos réglements, sacrifier aux Muses.

— Vous avez fait une chanson ?

— Oh ! une bagatelle...

— Modestie d'auteur. Tenez, voulez-vous me faire un grand plaisir ?

— Lequel, madame la marquise ?

— Eh bien ! dites-moi votre chanson, là, sans cérémonie, comme si vous étiez encore chez vos *Rosati;* personne n'en saura rien que moi, M. l'avocat en parlement.

— Bon ! quelle plaisanterie !

— Rien n'est plus sérieux ; je tiens à connaître votre talent pour les vers, et je m'en voudrais toute la vie d'avoir laissé passer une si belle occasion. Voyons! êtes-vous prêt? *Sonnet, c'est un sonnet...*

— Vous le voulez, décidément?

— Décidément je le veux.

M. de Robespierre prit alors du bout de ses doigts la main gantée de la marquise, et la conduisit vers le banc derrière lequel Emile était précisément tapi.

Une fois assis, et après avoir ajusté ses manchettes, il commença à demi-voix et avec toutes sortes de grâces :

La rose était pâle jadis,
　Et moins chère à Zéphyre,
A la vive blancheur des lis
　Elle cédait l'empire.
　Mais un jour Bacchus
　Au sein de Vénus
Prend la fille de Flore;
　La plongeant soudain
　Dans des flots de vin
De pourpre il la colore.

— Ah! c'est charmant! s'écria la marquise, c'est divin! on ne peut pas s'exprimer avec plus de goût et de délicatesse... Mais, continuez, continuez donc, je vous en prie!

Au moment d'entamer le deuxième couplet, le poëte s'arrêta et promena ses regards autour de lui avec inquiétude.

— Qu'avez-vous? lui demanda la marquise.

— N'avez-vous pas entendu quelque bruit dans le feuillage?

— Non.

— Je continue, dit-il, en arrondissant le bras et en laissant briller sur ses lèvres un sourire enchanté :

> On prétend qu'au sein de Cypris,
> Deux, trois gouttes coulèrent,
> Et que dès lors parmi les lis
> Deux roses se formèrent ;
> Grâce à ses couleurs,
> La rose, des fleurs
> Désormais fut la reine ;
> Cypris, dans les cieux,
> Du plus froid des dieux
> Devint la souveraine.

Eh ! mais, murmura la marquise en redoublant le jeu de son éventail, cela devient léger, savez-vous, M. de Robespierre ?

— Pure mythologie, madame, répondit-il.

Et il passa au troisième couplet.

> Quand l'escadron audacieux
> Des enfants de la terre
> Jusque dans le séjour des dieux
> Osa porter la guerre,
> Bacchus, rassurant
> Jupiter tremblant,
> Décida la victoire ;
> Tous les dieux à jeun
> Tremblaient en commun,
> Lui seul avait su boire !

La chanson avait onze couplets ; nous

croyons faire plaisir à nos lecteurs en nous en tenant à ceux que nous avons cités, renvoyant les curieux à la chanson elle-même qui existe écrite tout entière de la main de son auteur. Elle peut se chanter sur l'air : *Mon père était pot*.

Quand il eut fini, la marquise le complimenta longuement sur la fraîcheur de son imagination, le piquant de son esprit et l'originalité de ses rimes. Il l'écouta en badinant avec sa tabatière et en regardant avec sensibilité les feuilles des arbres.

— Mais il ne faut pas que les jeux de l'esprit nous fassent oublier les choses sérieuses, ajouta-t-il après quelques instants donnés à l'amour-propre.

Puis, regardant une nouvelle fois autour de lui, il ajouta d'une voix basse :

— Venez-vous ce soir chez Catherine Théot ?

— Oui, répondit-elle.

— Nous avons plusieurs initiations, et la *Mère de Dieu* a promis de s'expliquer sur les choses de la vie future.

Le front de la marquise s'était assombri ; elle paraissait réfléchir.

— Vous savez, continua M. de Robes-

pierre, que le mot de passe est toujours:
Théos et Vérité.

Emile, qui écoutait avidement, tressaillit à ce mot, qui lui rappelait une scène gravée profondément dans sa mémoire.

Il comprit qu'il était sur la voie de ce mystère nocturne, et il retint son haleine.

— Oui, murmura la marquise de Perverie avec un soupir; oui, j'irai ce soir encore chez Catherine... Peut-être cette fois serais-je plus heureuse dans mes tentatives... Peut-être *l'Eclaireuse* parlera-t-elle... J'irai,

Elle avait dit ces paroles lentement,

sourdement, et néanmoins Emile n'en perdit pas une syllabe.

— Moi aussi, j'irai! prononça-t-il mentalement.

Madame de Perverie se leva.

M. de Robespierre, qui avait l'intelligence du monde, lut un congé dans ce mouvement, et il se leva à son tour.

— Permettez-moi de vous quitter, madame la marquise, et souffrez que mes lèvres impriment respectueusement sur votre main l'adieu de mon cœur.

— Quoi! déjà! dit-elle insoucieusement, pendant que le jeune avocat réalisait son horrible madrigal.

— Il faut absolument que j'aille présenter mes civilités à madame de Luynes et à madame de Chastenet; ensuite à madame de Sainte-Amaranthe, chez laquelle mon couvert est mis.

— Que d'occupations! fit-elle en souriant; je ne sais que vous et M. de Boufflers qui puissiez suffire à tant de galanteries.

— M. de Boufflers est en Suisse, répondit-il avec fatuité et en tournant sur le talon.

Tous les deux reprirent le chemin de l'hôtel.

Emile abandonna son poste d'observation, et les suivit à distance.

Sur la dernière marche du perron, il vit M. de Robespierre s'incliner pour la dernière fois.

— D'où viens que je hais cet homme? se dit Emile.

FIN DU TOME TROISIÈME.

Argenteuil. —Imprimerie de Worms et Cie

EN VENTE

LA LOUVE
par PAUL FÉVAL, auteur de L'HOMME DE FER, etc., etc.

LE MÉDECIN DES VOLEURS
par HENRY DE KOCK, auteur de LES FEMMES HONNÊTES, les LORETTES VENGÉES, BRIN D'AMOUR, etc., etc.

LE MASQUE D'ACIER
par THÉODORE ANNE, auteur de la FOLLE DE SAVENAY, la REINE DE PARIS.

LES CHEMISES ROUGES
par CHARLES MONSELET, auteur de la FRANC-MAÇONNERIE DES FEMMES, les RUINES DE PARIS.

LA TOUR SAINT-JACQUES
par CLÉMENCE ROBERT, auteur des ANGES DE PARIS, les DEUX SŒURS DE CHARITÉ, le FOU DE LA BASTIDE.

LE TIGRE DE TANGER
par PAUL DUPLESSIS, auteur des BOUCANIERS, MONTBARS L'EXTERMINATEUR, le BEAU LAURENT, et Albert Longin.

LA BELLE PROVENÇALE
par le Vicomte PONSON DU TERRAIL, auteur de la CAPE ET L'ÉPÉE, la CONTESSINA, DIANE DE LANCY, etc., etc.

Paris. — Imprimerie de P.-A. BOURDIER et Cⁱᵉ, rue Mazarine, 30.

www.ingramcontent.com/pod-product-compliance
Lightning Source LLC
Chambersburg PA
CBHW070852170426
43202CB00012B/2040